AF232066

# FONDATIONS. PIEUSES

## DU DUC DE BEDFORD A ROUEN

A Rouen trois établissements religieux avaient été destinés, dans la pensée de Bedford, à perpétuer le souvenir de son nom et de sa piété : le monastère des Célestins, celui des Carmes et l'église métropolitaine.

« Le monastère des Célestins, dit Farin [1], a esté premierement fondé par Jean duc de Betfort au même lieu où estoit auparavant son château que l'on appelloit *Joyeux repos* et auparavant *Chantereine*, pendant que le roy d'Angleterre occupoit la ville de Rouën en l'année 1430 [2]. Le sieur de Betfort leur fit bastir une petite chapelle, et aprez son decez sa femme, qui estoit Jacqueline de Luxembourg, fit une entière démission de tout ce bien qui luy pouvoit appartenir avec le marquis d'Orset et le duc de Glocestre, héritiers du duc de Betfort, qui estoit mort sans enfans. »

Il y a tout lieu de penser que le régent n'avait point eu le loisir d'achever l'établissement de ces religieux puisque nous

1. *Histoire de la ville de Rouen*, 3e partie, p. 352.

2. Le jour de Pâques, 16 avril 1430, Bedford prenait à fieffe des moines de S.-Ouen deux pièces de terre, l'une près de la rue Canterayne, l'autre bornée par une sente qui conduisait à Beauvoisine (Arch. de la Seine-Inférieure, *Cartul. de S. Ouen*, fol. 442, 455). Dans un accord conclu entre ces religieux et les Célestins, vers 1450, l'acte de donation du *Joyeux repos* est rapporté à l'année 1430, ce qui vient à l'appui du témoignage de Farin : « Disans ledit lieu de *Joyeux repos* avoir esté à nous dits Célestins donné, omosné et amorty par le roy d'Angleterre qui lors occupoit ledit païs de Normandie environ l'an 1430. » Ibid., f° 472.

voyons, après lui, le manoir du *Joyeux repos* occupé, nous ne saurions dire à quel titre, par le cardinal de Luxembourg, oncle de la seconde femme de Bedford [1]. Henri VI, qui devait tant à ce prince, s'attribua cependant, exclusivement à tout autre, le titre de fondateur dans la charte, datée de Westminster, du 23 mai 1445, par laquelle il cédait aux Célestins tout le droit qu'il pouvait avoir, à titre de succession, de confiscation ou de forfaiture, sur le manoir du *Joyeux repos*, qu'il déclare compris dans les acquêts de Jean duc de Bedford et d'Anne de Bourgogne, sa femme [2]. Il amortit ce manoir en faveur de ces religieux et exprima le désir qu'ils y fissent construire un monastère sous le nom de *Val Notre-Dame*. Le motif qu'il donnait de cette fondation c'était de répondre à la piété des fidèles qui voyaient avec regret qu'il n'y eût point encore dans la province de Normandie un seul couvent de Célestins. Le titre de fondateur, usurpé sur Bedford, échappa, peu d'années après, à Henri VI. Charles VII, s'étant emparé de Rouen, en 1449, accueillit favorablement les Célestins ; il leur laissa leur manoir, mais il voulut qu'il fût entendu, non pas seulement qu'il leur en confirmait la possession, mais qu'il le leur donnait lui-même, et il mit pour condition à cette prétendue donation, qui ne lui coûtait rien, qu'ils le reconnaîtraient pour leur premier fondateur, comme étant le véritable seigneur de tout le pays de Normandie (dernier octobre 1449). Le 30 juin 1451, les Célestins, assemblés en chapitre, décidèrent qu'en mémoire des bienfaits qu'ils avaient reçus de Charles VII, roi de France, il serait dit tous les jours, à la messe conventuelle, la collecte : « Quæsumus, omnipotens Deus, ut famulus

---

1. Arch. de la Seine-Inférieure, G. 42. *Compte de l'archevêché* 1439-1440.

2. « Ut hujus operis coram altissimo fundator dici mereamur principalis..... jus, titulum et actionem in domo, manerio, tenemento jam pridem vocato Cantereine, nunc vero Joyeux repos, que nuper pertinebant patruo nostro Johanni duci Bedfordie... et Anne, tunc ejus conthorali, ex ejus conquestu, quomodocumque ad manus nostras seu successorum nostrorum devenerunt seu devenire poterunt, causa successionis, confiscationis et forefacture et alias... In honorem Dei sueque gloriose genitricis virginis Marie edificetur et construatur monasterium atque conventus... de ordine Celestinorum, quem amodo Vallem Beate Marie nominari desideramus. » Arch. de la Seine-Inférieure, fonds des Célestins. Cette fondation ne fut pas sans donner lieu à d'assez sérieuses difficultés. Il y eut opposition à l'établissement des Célestins, de la part du chapitre de la cathédrale et des principales communautés religieuses de la ville. Voyez les délibérations capitulaires des 24 juin et 8 août 1446.

tuus Carolus, rex noster, etc. » et, après sa mort, un obit solennel chaque année [1]. Il ne fut plus question de Bedford ni de Henri VI. En un point cependant, la volonté du roi d'Angleterre fut respectée : le monastère conserva le nom de *Val Notre-Dame*.

Les titres de Bedford à la reconnaissance des Carmes sont mieux établis et n'auraient pû être que bien difficilément contestés. Ces religieux, primitivement domiciliés en dehors de la ville, entre le pont et le couvent des Emmurées, avaient été obligés d'abandonner leur première demeure, vers le milieu du siècle précédent. Les inondations de la Seine la leur avaient rendue inhabitable, mais peut-être plus encore le peu de sécurité qu'ils y trouvaient, au sein d'un quartier sans défense, maintes fois ravagé par les Anglais, par les Navarrais et aussi par les bourgeois de Rouen qui craignaient de laisser à l'ennemi un abri trop près de leurs murs. Les Carmes avaient dû se réfugier en dedans de l'enceinte des fortifications, dans la rue Grandpont, auprès de la porte Sainte-Apolline. Là peu à peu ils avaient agrandi leur emplacement par diverses acquisitions pour lesquelles ils payaient environ une cinquantaine de livres de rentes annuelles. Cette charge qui pesait sur leur unique propriété suffisait pour les mettre dans une situation précaire. Bedford eut pitié d'eux [2]. Il les prit sous sa protection ; et cela d'autant plus volontiers qu'ils pouvaient lui offrir le titre de fondateur principal de leur monastère. Les faveurs des rois de France à leur égard se réduisaient, en effet, à quelques lettres d'amortissement et à quelques secours de peu d'importance. Charles V les avait aidés dans la construction de leur cloître ; Charles VI et Isabeau de Bavière, dans celle du chœur de leur église, comme le témoignaient les armoiries qu'on apercevait encore, dans le dernier siècle, à la principale verrière de cet édifice. Bedford fit davantage pour les Carmes : il chargea ses conseillers l'abbé du Mont-Saint-Michel, Raoul Le Sage, Jean Salvaing et Alain Kyrketon

---

1. *Ibid.* fonds des Célestins. La *Chronique de Normandie* (édition de Le Mesgissier, p. 206) finit par ces mots : « En l'honneur et louenge duquel (Dieu) ledit sieur (Charles VII) fonda l'église et monastère des Célestins à Rouen, afin que Dieu qui règne éternellement y soit servy, obey, loué et honoré. Amen. »

2. Dès 1426, Bedford cherchait les moyens d'améliorer la condition des Carmes. Voyez les délibérations capitulaires de Notre-Dame de Rouen des 14 janvier et 5 février 1425 (v. s.).

d'acheter, pour 1200 saluts d'or, de Guillaume de Hastentot, chevalier, seigneur du Bec-aux-Cauchois, une partie des dîmes de Sierville, en déclarant que le revenu en devait être affecté au paiement des dettes de ces religieux. En reconnaissance de ce bienfait, ceux-ci prirent l'engagement de faire acquitter certains services pour le régent et pour sa femme, et leur reconnurent le droit de faire mettre aux deux côtés de leur église « les ymages de leurs deux personnes contrepans à genoulx, et dessous, leurs armes et les ymages eslevées ». Il ne borna pas à cela ses libéralités : il fit bâtir, si l'on s'en rapporte au récit d'Étienne Gueroult [1] « le principal et grand côté du cloître d'une structure admirable, les pilastres étant bien degagez l'un de l'autre à hauteur de 10 pieds outre les chapiteaux et piédestaux ».

L'affection particulière que Bedford portait aux Carmes s'explique par sa dévotion envers la sainte Vierge à laquelle leur ordre était spécialement consacré, par le grand crédit dont ils jouissaient en Angleterre, où la vision du bienheureux Simon Stok les avait rendus populaires, probablement aussi par l'influence de Thomas de Valde, carme de Londres, confesseur et prédicateur des rois Henri V et Henri VI, mort à Rouen, au couvent des Carmes, le 3 des nones de novembre 1430 [2].

Par un acte subséquent, Bedford transporta au chapitre de Notre-Dame de Rouen les dîmes qu'il venait d'acquérir, à charge d'exonérer les Carmes des rentes auxquelles ils étaient tenus envers les chanoines, la fabrique et les chapelains de la cathédrale ; et comme, suivant l'estimation qui en avait été faite, les revenus des dîmes devaient dépasser, dans une proportion notable, la somme à laquelle ces rentes s'élevaient, et qu'il y avait lieu d'espérer qu'ils ne feraient que s'accroître, le chapitre dut, à son tour, reconnaître Bedford pour son bienfaiteur, et il s'engagea à dire perpétuellement des messes pour lui et pour sa femme (29 mars 1430).

Cette donation fut renouvelée par Bedford dans un acte solennel, en latin, du dernier décembre 1430, où il prend les titres de fils, de frère, et d'oncle de rois : « Johannes filius, frater et avunculus regum, » et ratifiée par les Carmes le 14 août 1431.

---

1. Carme de Rouen qui vivait au dernier siècle, auteur d'une notice manuscrite sur son monastère, conservée à la Bibliothèque de Rouen.

2. Farin donne l'inscription qu'on lisait sur son tombeau.

Ce prince avait donné au chapitre un témoignage plus éclatant de son estime en sollicitant comme une faveur l'habit canonial. Il le reçut en grande cérémonie des mains de Pierre Cauchon, évêque de Beauvais, le jour de Saint-Romain, 20 octobre 1430, en présence de son épouse. A cette occasion, il fit don à l'église de Rouen d'ornements précieux qu'on y a conservés jusqu'à la Révolution. Dès lors il fut admis à la participation du pain et du vin capitulaires, et les chanoines furent autorisés à le traiter de confrère. Il est triste de penser que, dans le même temps où Bedford témoignait un zèle si singulier pour la religion, ses conseillers, vraisemblablement à sa suggestion, très-certainement avec son consentement, s'acharnaient contre la Pucelle, l'excommuniaient et la condamnaient au feu comme hérétique et comme sorcière. Il ne tarda pas à reconnaître l'inutilité de cette barbarie.

Il avait perdu, le 14 novembre 1432, sa femme Anne de Bourgogne, âgée de 28 ans seulement, qui fut enterrée aux Célestins de Paris. Au mois de mars suivant il épousait Jacqueline de Luxembourg, fille de Pierre de Luxembourg, comte de Saint-Pol. Cette alliance fut fatale à la domination anglaise. Elle causa un vif déplaisir au duc de Bourgogne, qui, bientôt, prêta l'oreille aux propositions qui lui furent faites d'entrer en négociation avec la France. Un autre sujet non moins sérieux d'inquiétude fut la révolte du pays de Caux, révolte qui engagea les Anglais dans une répression terrible[1]. On sut alors à quoi s'en tenir sur la communauté d'intérêts et d'origine qu'on prétendait exister entre la Normandie et l'Angleterre. L'illusion qu'on eût désiré entretenir fut détruite. Pour les rois d'Angleterre notre province pouvait être encore, en attendant des jours meilleurs, un pays de conquête ; ce n'était plus une seconde patrie.

Il n'est pas supposable que Bedford n'ait pas compris la portée d'événements si graves, et l'on aura pour soi la vraisemblance, en conjecturant avec M. Stevenson, que la tristesse que le régent ressentit de la convention d'Arras ne fut point étrangère à la maladie qui l'emporta.

Il mourut à Rouen le jour de l'Exaltation de la Sainte Croix,

---

1. « Hoc anno (1434) magnum concilium apud Aras et insurrectio Normannorum. » *Annales Willelmi Wyrcester.* Stevenson, *Wars of the English in France*, vol. II, part. II, 761.

14 septembre 1435[1], non pas, comme l'a écrit Farin, d'après la *Chronique de Normandie*[2], au manoir du *Joyeux repos*, mais dans ce château qui, peu d'années auparavant, avait été le témoin de la douloureuse captivité de Jeanne d'Arc[3]. Le 10 du même mois, il avait fait son testament en présence de ses conseillers, de ses médecins et de son confesseur. Par cet acte il laissait à sa femme Jacqueline de Luxembourg[4] tous les biens qui lui appartenaient en France, à l'exception du domaine de la Haye-du-Puits, dont il disposait en faveur de son fils naturel Richard, auquel il avait fait délivrer des lettres de légitimation le dernier août de l'année précédente[5]. Il léguait aux chanoines de Rouen, pour le cas où, venant à mourir en France, il serait, conformément à son désir, enterré dans la cathédrale, un calice d'or muni de pierres précieuses, œuvre remarquable due au ciseau d'un habile orfèvre de Paris nommé Etienne, une paire de grands encensoirs dorés du même artiste, une croix d'argent dorée provenant de la rançon de Jean d'Alençon. Le dernier septembre Bedford fut enterré dans le chœur de la cathédrale de Rouen[6] en

1. « Obiit dux Bedfordiæ xiiij die septembris, in aurora, inter horam secundam et tertiam, in villa Rothomagi. » Ibidem.

2. « Puis après en l'an mil quatre cens xxxv à Chanterayne à Rouen, nommé Joyeux repos et a present les Celestins, mourut Iean duc de Betfort, qui estoit regent pour le roy d'Angleterre en France et Normendie. Il estoit fils de roy, frere de roy et oncle de roy. Il estoit noble en lignage et en vertus, sage, large, crainct et aimé. Il fut mis en sépulture dedans le cœur de nostre dame de Rouen, et y donna de beaux dons et beaux ornements d'église. » *Chronique de Normandie*, édition de Le Mesgissier, p. 183.

3. Voyez la délibération du chapitre de Rouen, du 27 septembre 1435 : « Cum executores deffuncti, inclite memorie, Johannis ducis Bedfordie, regentis et gubernantis regnum Francie, qui obiit in castro Rothomagensi die Exaltacionis Sancte Crucis. »

4. Les registres capitulaires donnent à la veuve de Bedford le nom d'Isabelle. Elle fut marraine, avec Talbot pour parrain, d'Elisabeth, fille du duc d'York, baptisée à la cathédrale de Rouen, le 22 septembre 1444.

5. Ces lettres, bien que délivrées au nom du roi d'Angleterre, émanaient de l'autorité de Bedford, comme le prouve le lieu d'où elles sont datées. Elles furent enregistrées au tabellionage de Rouen, à la requête de Richard de Bedford, le 27 septembre 1435. On voit par ces lettres que ce Richard était issu *ex soluto et non soluta*, c'est-à-dire des œuvres de Bedford non marié avec une femme mariée, et que, par l'effet des lettres de légitimation, il put jouir, « tanquam legitimus, singulis bonis, tam mobilibus quam immobilibus, nobilibus et non nobilibus, per eum acquisitis seu acquirendis, etiam si ex legato, donatione, vel transportu sibi obvenirent. » Arch. du Tabellionage de Rouen.

6. Le corps avait été embaumé et mis dans un cercueil de plomb comme le

compagnie des rois d'Angleterre, ducs de Normandie, ses glorieux ancêtres, près des pieds du roi Henri, à la place occupée par la vieille châsse de saint Senier. Ses exécuteurs testamentaires lui firent construire en cet endroit un superbe tombeau[1], et vers le même temps, les chanoines firent disposer, dans une chapelle voisine, un autel particulier dit l'autel du régent, destiné à la célébration des messes que les Clémentins devaient dire pour Bedford.

On voit, par la délibération capitulaire du 8 mars 1437 (n. s.), que les fonds destinés à cette fondation furent remis à la garde du chapitre et placés dans un coffre fermant à deux clefs dont l'une fut confiée à un chapelain des Clémentins et l'autre au chanoine qui avait la direction de leur collége.

Une autre délibération nous apprend que dès ce temps, les Clémentins faisaient dire, chaque jour, une messe pour Bedford. Le chapitre décida qu'il leur serait payé 15 deniers par messe, en attendant qu'on leur eût procuré un revenu représentant un capital de 50 livres (20 avril 1437).

Le 19 juillet 1443, un arrêt donné aux Requêtes du palais permit à ces chapelains d'acheter une rente de 100 livres avec les fonds qui venaient de leur être remis par les exécuteurs testamentaires du régent.

Le reste des fonds, affecté à des œuvres pies, resta quelques années encore entre les mains de ces derniers. Une sentence de l'officialité, rendue au nom de l'archevêque, en disposa de la manière suivante : aux quatre églises des religions mendiantes, aux monastères de Saint-Ouen, de la Trinité du Mont-Sainte-Catherine et de Saint-Amand, aux prieurés de l'Hôtel-Dieu, de Saint-Lo, à la collégiale de Notre-Dame de la Ronde, aux Chartreux, à chacun de ces établissements, 10 livres ; aux Emmurées, 8 livres ; au Saint-Sépulcre, 6 livres ; aux Filles-Dieu, 6 livres ; aux Béguines, 100 sous ; à l'Hôpital-du-Roi, 100 sous ; aux Célestins du *Joyeux repos*, 100 sous ; au collége des Notaires, 100 sous. L'official se réserva de déterminer un jour où des messes solennelles seraient célébrées pour le régent dans toutes

constate le procès-verbal de M. l'abbé Cochet (*Précis analytique des travaux de l'Académie de Rouen*, 1866-1867).

1. Ce tombeau était certainement achevé le 7 avril 1446 (n. s.) puisqu'une délibération du chapitre, de cette date, prescrit le nettoiement « feretri et sepulture domini regentis ac chori ».

les églises de ces communautés. Le même jour, trois grandes messes devaient être chantées à la même intention au maître-autel de la cathédrale, sans compter les basses messes qui seraient dites dans les nombreuses chapelles de cette église par tous les prêtres qui se présenteraient jusqu'à concurrence d'une somme de 40 livres, à raison de 2 sous 6 deniers par messe.

Le beau calice d'or garni de pierres précieuses et la paire d'encensoirs dorés avaient été emportés en Angleterre. L'official ne put que reconnaître le droit de propriété du chapitre sur ces objets et autoriser les chanoines à faire les poursuites nécessaires afin d'en obtenir la restitution.

Plusieurs fois déjà le chapitre les avait reclamés[1]. Le 15 janvier 1437, apprenant que le cardinal de Luxembourg, chancelier de France, devait passer en Angleterre pour les affaires de l'Etat, il avait prié ce prélat de ne point perdre de vue « le fait de l'exécution de Bedford *quoad legata ecclesie facta* », et afin de se le rendre plus favorable, il lui avait proposé de faire dire, dans la cathédrale, une messe de Notre-Dame pour son heureux voyage.

Le 24 janvier de l'année suivante, le chapitre avait chargé de la même commission Guillaume Erard, docteur en théologie, chantre de Rouen, Gervais Vulre, secrétaire du Roi, et Dreu Malfourni, chanoine de Lisieux, à la veille de partir pour l'Angleterre. On les pria, par la même occasion, de réclamer d'autres objets légués par Henri V, et dont on n'avait plus entendu parler.

On peut supposer qu'ils n'oublièrent pas la recommandation du chapitre, et que s'ils n'obtinrent pas tout ce qui était légitimement exigible, ils obtinrent, du moins, quelque chose. Ce fut, sans doute, à leurs bons soins que les chanoines durent la remise de ce joyau d'or de Henri V, dont nous voyons bientôt ordonner la vente pour subvenir aux réparations des chœurs d'église, des manoirs et des moulins compris dans l'étendue de leur domaine (délibération du 28 juillet 1445)[2].

---

1. Le 28 février 1435 (v. s.), il avait donné procuration à Jean Beringham, chanoine d'York et de Londres, à Dreu Malfourni et à Laurent Callot, secrétaire du Roi, pour les recevoir au nom de l'église de Rouen.

2. A cette date, les chanoines décident « capere in thesauro jocale auri per executores quondam domini regis Henrici defuncti traditum, in recompensationem serviciorum et aliorum onerum per ecclesiam Rothomagensem factorum. »

On ne sera pas porté à contester l'opportunité de cette aliénation, après avoir lu, dans la sentence de l'officialité, dont nous reprenons l'analyse, que, depuis la destruction du pays de Caux en 1435, *post subversionem patrie Caletensis,* ces dîmes de Sierville qui faisaient le principal titre de Bedford à la reconnaissance du chapitre, n'avaient absolument rien rapporté, en sorte que l'église de Rouen avait plus perdu que gagné, puisqu'elle avait continué d'acquitter les obits auxquels elle s'était engagée. Ce fut sur cette considération que l'official se fonda pour attribuer au chapitre une somme de 300 livres à prendre sur les fonds de la succession de Bedford.

Des motifs de la même nature firent attribuer de nouveau 300 livres aux Clémentins, qui disaient chaque jour, à heure de prime, une messe à l'autel du régent [1]. Ils avaient touché 1000 livres et avaient employé cette somme à l'acquisition de 92 livres de rente sur des maisons situées à l'intérieur de la ville ; mais cette rente n'avait pas tardé à descendre à 58 livres, parce que les maisons sur lesquelles elle était assignée étaient tombées en ruine ou avaient été décrétées pour le paiement de rentes antérieurement constituées.

La même sentence affecte quelques fonds à l'entretien du monument de Bedford, « celebre monumentum ac speciosa sepultura artificiosissime composita », dont il importait de maintenir la beauté intacte, afin que les chrétiens, ayant présents à l'esprit les traits du prince, « per ipsius monumenti et corporis ymaginem admoniti », n'oubliassent jamais de recommander son âme à Dieu. Elle ordonne, en outre, que cette sépulture sera couverte d'une châsse de bois, laquelle ne sera tirée qu'aux huit fêtes solennelles de l'année, Noël, l'Epiphanie, Pâques, l'Ascension, la Pentecôte, la Trinité, le Saint-Sacrement et la Toussaint, aux cinq fêtes de la Vierge et les deux jours consacrés aux obits de Bedford, suivant

Ce joyau désigné, le dernier juillet 1445, sous le nom de « table en or émaillé » pesait 4 marcs 5 onces 7 oboles. Il fut estimé 350 livres en ne tenant compte que du prix de la matière (voyez le registre capitulaire, fol. 233, verso). Le dernier août 1442, les chanoines l'avaient déposé dans le coffre du chapitre en remplacement de 60 livres tournois.

1. Le 8 mars 1454, les Clémentins achetèrent de Jean Le Marié, demeurant à Saint-Nicaise de Rouen, une rente de 20 sous « pour convertir à leur usage pour le fait de la fondation de la messe de défunt, de bonne mémoire, le duc de Bedford, cui Dieu pardoint ». Tabellionnage de Rouen.

ce qui se pratiquait depuis plus d'un demi-siècle pour le tombeau du roi Charles V.

Ces tombeaux étaient pourtant découverts, en dehors de ces jours, à l'occasion de quelques cérémonies solennelles. Ils le furent notamment le 18 mai 1443, au baptême du fils du duc d'York [1] ; le 23 novembre 1445, à l'ouverture du concile provincial de Rouen [2] ; le 8 mai 1448, à la réception du comte de Dorset, régent et gouvernant le royaume de France et duché de Normandie [3].

La sentence de l'official porte la date du 28 septembre 1448. Le dernier jour de ce mois, le chapitre désigna quatre commissaires pour aller, en son nom, présenter à cet ecclésiastique et à l'archevêque ses remercîments de la bonne justice qu'ils avaient faite à l'église dans l'affaire de l'exécution de Bedford. Il fit don au premier, en témoignage de gratitude, du gros de sa prébende montant à 14 livres.

A la fin du mois d'octobre suivant eut lieu l'obit solennel du régent. Il fut célébré dans toutes les églises qui avaient eu part à la distribution de ses aumônes.

Mais, malgré la sentence du 28 septembre 1448, malgré les démarches du chapitre [4], le calice et les encensoirs restaient toujours en Angleterre. Un chanoine de Rouen, Guillaume du Désert, fut chargé de les réclamer. Il alla aux informations, et crut comprendre que depuis longtemps ils avaient été vendus au cardinal de Winchester. Il s'empressa de transmettre d'Angleterre ce renseignement à ses confrères et leur demanda des instructions précises sur ce qu'il devait faire. Ceux-ci, dans la crainte de tout perdre en voulant tout avoir, autorisèrent leur procureur à conclure un accord avec les exécuteurs testamentaires du régent, de

---

1. « Domini de capitulo concesserunt infantem masculum nobilissimi et illustrissimi principis domini ducis Eboraci, gubernantis et locum tenentis domini nostri regis in regno Francie et Normannie in fontibus hujus cathedralis ecclesie recipi cum magno honore, ordinantes insuper chorum ecclesie preparari et sepulcra discooperiri ac reliquias supra navis altare poni. »

2. On préparera le chœur de la cathédrale pour le concile provincial qui aura lieu demain. On découvrira les tombeaux du chœur comme à la fête de l'Assomption : « Sepulcra chori discooperiantur ad modum festi Assumptionis, » et l'on posera les reliques sur le grand autel. Ibidem.

3. « Tabulis et sepulturis altaris, regis et regentis appertis. » Ibidem.

4. Le 21 juin 1447, le chapitre avait écrit au cardinal d'York, au sujet des legs du régent et du cardinal de Luxembourg.

manière à obtenir le prix que valaient, comme matière, les objets injustement détenus, abstraction faite de la valeur du travail artistique ; mais, en même temps, ils lui recommandèrent de ne faire connaître qu'à la dernière extrémité jusqu'où s'étendaient ses pouvoirs, de peur que l'on n'en abusât contre lui, tant ils avaient mauvaise opinion de la loyauté de ceux avec qui il s'agissait de traiter : « Fortassis vellent vos inducere modis exquisitis, ut solent facere magnates temporis moderni ad componendum pro modica summa. »

Quelques mois après, le 19 octobre, la ville de Rouen se rendait à Charles VII. L'avant-dernier jour du même mois, des commissaires du roi se présentèrent au chapitre et demandèrent si les chanoines, soit comme corps, soit comme particuliers, n'avaient point en dépôt des biens ayant appartenu à des Anglais, et s'il était vrai, comme le bruit s'en était répandu, que le chapitre eût en sa garde un coffre plein d'objets précieux provenant de la succession du régent. Le doyen déclara, au nom de toute sa compagnie, que comme personnes privées plusieurs chanoines avaient en dépôt quelques biens appartenant à des Anglais, dont ils ne feraient aucune difficulté de rendre compte au roi, qu'en tant que corps ils avaient eu, pendant assez longtemps, le coffre en question, mais qu'enfin l'official avait disposé de l'argent qui s'y trouvait renfermé et que c'était entre ses mains que la clef de ce coffre se trouvait pour le moment.

Le 3 novembre, le chapitre fit, à son tour, des démarches auprès des officiers de Charles VII pour obtenir par leur entremise, autant vaudrait dire par la force, le calice et les encensoirs légués par Bedford, jusqu'alors vainement réclamés. Ce jour-là même, un chanoine Robert Morelet alla trouver au château du Vieux-Palais le comte de Sommerset, gouverneur de la Normandie pour Henri VI. C'était le neveu et l'héritier du cardinal de Winchester, qu'on accusait de s'être approprié et d'avoir emporté en Angleterre les objets légués à l'église de Rouen. Il lui demanda de faire exécuter le legs du duc de Bedford. On pense bien que c'était la moindre des réclamations que ce personnage pût craindre dans un moment où il se trouvait en présence d'une armée victorieuse et où il voyait tout tourner contre lui. Il répondit qu'il n'avait aucun souvenir des encensoirs, mais qu'il se rappelait bien avoir vu le calice entre les mains de son oncle, qui, du reste, ne lui avait pas caché que c'était la propriété de l'église de Rouen. Il ajouta qu'il croyait savoir où il était déposé et promit, plus ou moins sincèrement, de le faire restituer à qui de droit, ainsi que les encensoirs. On ne fut pas sans lui témoigner qu'on n'avait pas une foi absolue dans sa parole, puisqu'on lui fit faire cette déclaration devant un notaire apostolique, lequel sur-le-champ en dressa un acte en règle.

Quelques jours après, les chanoines prirent le parti de se faire justice par eux-mêmes. Désespérant de jamais rien obtenir de Sommerset, ils firent saisie-arrêt sur une salière d'or garnie de pierres précieuses, qui avait appartenu à Bedford et qui, par bonheur, était restée entre les mains de l'official. Ils la vendirent, et avec le prix qui en provenait, ils se constituèrent un revenu de 60 livres.

Assurément le régent n'aurait pu prévoir des difficultés de cette nature, lorsqu'en 1435 il faisait un legs si clair à l'église qui devait recevoir sa dépouille mortelle. Ce ne fut pas le seul point sur lequel ses prévisions furent trompées. Eût-il pu s'imaginer que sa veuve Jacqueline de Luxembourg épouserait un simple chevalier Richard de Woodiville, et que la fille issue de ce mariage deviendrait la femme d'Edouard IV, roi d'Angleterre, qui devait supplanter Henri VI, l'abreuver d'outrages, le faire périr dans une prison et mettre fin à la maison de Lancastre?

La donation faite à son fils Richard ne paraît pas non plus avoir eu son entier effet. Le duc de Glocestre se porta pour héritier de Bedford [1], et le domaine de la Haye-du-Puits fut revendiqué et obtenu par ce duc, qui donna, comme dédommagement, à Jacqueline de Luxembourg 80 livres tournois pour son douaire tierçain sur cette baronnie [2].

Il est juste pourtant de reconnaître que, malgré les changements survenus dans l'état de la Normandie, les chanoines exécutèrent scrupuleusement leurs engagements à l'égard du régent. Le 12 septembre 1450, lorsque les passions populaires étaient le plus excitées contre les Anglais, on les voit pourtant orner son

---

1. Hunfrey, comte de Pembrok, s'intitule vrai héritier de Jean, gouverneur et régent du royaume de France, dans une procuration par lui donnée à Berard de Montferrand et à Nicolas Bourdet, pour l'administration des biens laissés par ledit défunt, et notamment du comté de Dreux. J'ai retrouvé cette procuration dans une couverture de registre.

2. *Annuaire de la Manche*, 18e année, p. 453; 31e année, p. 70 (article de M. Renault).

tombeau du drap de soie où étaient figurées ses armoiries : « Concluserunt pannum paramenti datum per executores domini ducis de Bedford apponi supra sepulturam suam, more solito, in festo Exaltacionis Sancte Crucis proxime ventura. »

Le tombeau de Bedford, que Charles VII et Louis XI[1] avaient respecté, fut, suivant toute vraisemblance, brisé par les Calvinistes en 1562[2], dans cette année fatale où, avec une rage qui n'eut d'égale qu'en 1793, ils saccagèrent toutes les églises de la ville de Rouen, volant les sacristies, brisant les statues, violant les sépultures, jetant au vent et au feu les reliques les plus vénérées.

Ils laissèrent pourtant subsister une inscription sur cuivre appliquée sur un des piliers près du tombeau. Dugdale en prit un dessin le 20 juillet 1648, et ce dessin a depuis été gravé dans l'ouvrage de Sandford (*Genealog. Hist.* 314). L'abbé Bertin dans son *Voyage archéologique et liturgique en Normandie*[3] parle de cette inscription et fait observer qu'au-dessus de la légende il y avait un écusson dont l'armoirie effacée laissait voir la jarretière qui l'entourait avec ces mots : *Honni soit qui mal y pense.* Il oublie de mentionner les plumes d'autruche entre lesquelles se trouvaient placées les armoiries. M. Deville, à son tour, dans son savant ouvrage *Tombeaux de la cathédrale de Rouen,* a reproduit cette inscription, dont nous rapportons le texte d'après les *Antiquités Anglo-Normandes* de Ducarel :

> Cy gist feu de noble memoire très haut et puis
> sant prince Johan en son vivant Regent le

---

1. « Rien ne prouve mieux l'estime qu'on doit faire de cet illustre prince que celle que Louis XI, fils de Charles VII, témoigna pour lui, dans un temps où rien ne pouvoit l'engager à le flatter. Louis se trouvant un jour dans l'église de Roüen, où il regardoit le tombeau du duc de Betford, un seigneur de sa suite lui conseilla de faire ôter ce tombeau, qui étoit un témoignage perpétuel de la honte des François. Non, répondit le Roi, laissons reposer en paix les cendres d'un Prince qui, s'il étoit en vie, feroit trembler le plus hardi d'entre nous. Je souhaiterois qu'on eût érigé un monument plus magnifique à sa mémoire. » Rapin Thoyras, *Hist. d'Angleterre,* édit. de la Haye, 1727, t. IV, p. 75.

2. « Ejus ossibus impositum fuit, anno 1437, elegans mosoleum, cujus canina novatorum rabie anno 1562 semiruti lapidea marmoreaque fragmenta etiamnum lacrymas cient. Ad aram vero proximam extat in ærea lamina hæc epigraphe, etc. » Bibliothèque Nationale, Lat. 5194.

3. Publié par M. le docteur de Bouis, dans la *Revue de Normandie.*

roialme de France duc de Betford pour leql
est fonde une messe estre chun jour perpetuellement
celebre a ceste autel p. le college des Clem.
tins incontinent apres prime et trespassa le xiiij jo'
de septemb. l'an mille cccc. xxxv au quel
xiiij jo' semblablement est fonde po' luy i ob'
somlepnel en ceste eglise Dieu face pardon a son ame [1].

« Les plumes d'autruche, les insignes de la jarretière, le style et les caractères gothiques de l'inscription appliquée sur le pilier, tout fait croire qu'elle ne pouvait être que de l'époque de l'occupation anglaise.» On voit, au contraire, que la tombe de Bedford, telle que Dugdale l'a pu voir, n'avait pas le moindre rapport avec cette sépulture princière dont la sentence de 1448 fait un si magnifique éloge, C'est à tort que l'on a supposé que Pommeraye et Farin s'étaient trompés [2]. Ils ont eu raison de dire qu'il ne restait rien du monument primitif. Il avait été remplacé par une simple tombe en marbre noir, posée suivant toute vraisemblance aux moindres frais possibles, en 1563 ou 1564, après que les chanoines furent rentrés en possession de leur église. Ils avaient autre chose à faire que de rendre à un prince étranger un monument digne du rang qu'il avait occupé. Il fallait d'abord songer à réparer les autels et à relever les statues des saints profanées et indignement mutilées [3].

1. Rapportée par Dugdale (*Baron.* II, 202), et d'après lui par J. Stevenson, *Wars of the English in France*, vol. I, p. LXVIII. Nous avons conservé la disposition des lignes telle que l'indique M. Ducarel.

2. « Le tombeau du duc de Bedford fut un de ceux sur lesquels les calvinistes portèrent les mains avec le plus de fureur : mais ils ne le détruisirent pas entièrement, comme on le croit aujourd'hui d'après l'assertion de Farin et de Dom Pommeraye. Il ne fut renversé qu'en 1732.» M. A. Deville, *Tombeaux de la cathédrale de Rouen.*

3. Archives de la Seine-Inférieure, G. 2833, arrêt du Conseil d'État du 30 décembre 1732. « Sur la requête présentée au roy en son conseil par les doyen, chanoines et chapitre de... Rouen, contenant que, depuis que les gens de la R. P. R. ont dépouillé ladite église de ses ornements précieux, d'une riche argenterie et qu'ils ont renversé ses autels et aboly les monumens de la religion catholique, le chapitre de Rouen... ne s'est point trouvé en état de réparer ces désordres... le chapitre ayant fait depuis un an de nouveaux efforts a commencé à faire travailler à l'ornement du chœur et a fait environner de balustrades de cuivre le sanctuaire, qui n'étoit cy-devant formé que par une masse informe de plâtre. »

L'inscription disparut de l'église en 1732. Elle ne put être montrée à Ducarel lorsque cet antiquaire visita l'église cathédrale en 1752. Cette perte est assurément regrettable, et l'on aurait quelque droit d'accuser les chanoines de nous avoir privés d'un monument historique intéressant, s'ils n'étaient suffisamment excusés par cette indifférence générale, à laquelle, pas plus qu'eux, nous n'aurions pu nous soustraire, indifférence qui s'étendait alors à tous les souvenirs, à toutes les œuvres du moyen-âge. Quant à la disparition de la tombe, elle ne doit donner lieu ni aux regrets, ni aux reproches, puisqu'elle était d'une époque récente et qu'elle ne présentait aucun caractère artistique ni archéologique.

Hâtons-nous de le dire, il ne faut voir dans cette double suppression aucune pensée injurieuse à la mémoire de Bedford. L'unique cause en fut un goût, plus ou moins bien entendu, qui fit désirer aux chanoines pour le chœur de la cathédrale un grand autel en marbres précieux, dont l'exécution fut confiée au sculpteur Bousseau et à l'architecte Cartaud, de belles balustrades en cuivre tout autour du sanctuaire, des piliers propres et unis. On supprima l'inscription par le même motif qui fit vendre, comme ornements démodés, les grandes fleurs de lys de cuivre qui décoraient les piliers, et l'on dut la regretter d'autant moins que, par suite de la réduction des fondations, elle avait cessé d'être exacte.

On crut, sans doute, mieux faire en plaçant dans le chœur, derrière le maître-autel, une inscription latine qui faisait connaître en ces termes l'endroit où reposaient les restes de Bedford :

Ad  
Dextrum     altaris     latus  
jacet  
Johannes     dux     Betfordi  
Normanniæ     prorex  
Obiit     anno  
M     CCCC.     XXXV.

Au milieu de tous ces changements, les restes de Bedford furent du moins respectés ; et c'est à la place de leur sépulture primitive qu'ils ont été retrouvés par M. l'abbé Cochet, au mois d'octobre 1866 [1].

Ch. de Beaurepaire.

1

Vente par Guillaume de Hastentot aux représentants du duc de Bedford, des dimes de Sierville, lesquelles devaient être employées à la décharge des Carmes de Rouen, dont le duc entendait se rendre fondateur. — 27 mai 1428.

A tous ceulx qui ces lettres verront ou orront, Pierres du Busc, garde du seel des obligations de la viconté de Rouen, salut. Comme dès pieça et au devant de soixante dix ans et plus, les religieux prieur et couvent de Notre-Dame du mont du Carme eussent esté constitués et assis au dehors de la ville de Rouen, oultre le pont de Saine et entre ledit pont et l'ostel des religieuses de Saint-Mahieu des Amurées, et à l'occasion tant d'inondacion d'eaues, qui souvent y sourvenoient, que pour l'occasion des guerres, qui moult estoient grandes et couroient ou pays de Normendie, icellui couvent, en l'estat qu'il estoit, eust esté demoly et abatu et par grans et meures deliberacions faictes entre gens d'eglise, nobles, bourgois et autres, icellui couvent fu ordonné estre fait et assis, pour doubte d'icelles eaues et guerres et les inconveniens qui en povoient ensuir, et demourer en seurté, et que le divin service se peust tousjours continuer sans aucune diminucion, à l'encloz et dedens la ville de Rouen, et pour asseoir icellui lieu et place, feu venerable religieux et honneste frere Jehan de Saint-Ligier, lors prieur d'icellui couvent, par grant et meure deliberacion faicte aveuc les religieux, qui lors estoient, et de notables bourgois de ladicte ville de Rouen, eust prins ou achaté une certaine place contenant une seule maison assise en la rue de Grant-Pont, en la paroisse Saint-Lo d'icelle ville, et qui estoit très petit lieu et place, où ilz ne povoient bonnement avoir une simple chapelle pour faire le divin service sans autre demeure ; icellui frere Jehan de Saint-

---

1. M. l'abbé Cochet constate que tous les ossements annonçaient une taille élevée et une force considérable. *Notice sur la découverte et la visite du tombeau de Bedford* dans le *Précis analytique* des travaux de l'Académie de Rouen, 1866-1867.

Legier, les dis religieux et autres, qui depuis sont entervenus, voians et considerans que icellui lieu et place premierement prise ne suffisoit pas pour supporter et faire icellui divin service, et qu'il leur esconvenoit avoir lieu et place pour asseoir eglise souffisante selon leur dicte religion et maisons, cloistre, dorteur, chapistre et autres places pour faire maisons et habitacions, ainsi qu'il appartient, et que ès autres villes et chités de diverses contrées et regions, comme en Angleterre, Almaigne et plusieurs autres, selon les grandeurs et noblesses des villes et cités, ilz sont grandement ediffiés, à l'onneur de la noble et bonne ville de Rouen, eussent prins ou achaté plusieurs maisons et heritages, qui de present sont encorporés et enclavés dedens le circuite de l'encloz de leur dit couvent, et dont ilz sont tenus faire chascun an à fin d'eritage, particulierement ou diviséement cinquante cinq livres quinze soulz tournois d'annuel et perpetuel rente, selon ce qu'ilz sont deues par la creation d'icelles, et premierement au roy notre sire, en sa recepte du viconte de Rouen, vingt-neuf soulz, à la fabrique de la grant eglise Notre-Dame de Rouen dix-huit livres, aux religieux, prieur et couvent de Saint-Lo huit livres saize soulz, à la chapelle Saint-Vigor six livres, à la chapelle de la Trinité quatre livres dix soulz, à la chapelle du Saint-Esperit quarante soulz, à la communauté des prestres de ladicte eglise Notre-Dame quarante soulz, à la chapelle de Desville vingt soulz, à la chapelle Saint-Sever trente soulz, à la chapelle Notre-Dame de Rouen soixante soulz, aux religieuses de Fontaines-Guerard vingt soulz, au curé ou tresor de Saint-Erbland dix soulz, aux hoirs maistre Henry Ango cent soulz, et aux hoirs Gueroult Naquet vingt soulz, montent icelles parties ladicte somme de cinquante-cinq livres quinze soulz tournois de rente; et il soit ainsi que, puis trois ans en ça ou environ, il soit venu à la congnoissance de très-haut, très-noble et très-puissant prince Jehan, regent le royaume de France, duc de Bedford, la fourme, maniere et cause pour quoy iceulx religieux furent mis et ostez hors dudit lieu de oultre le pont de Saine, et qui fust ordonné estre assis en la ville de Rouen, le premier estat d'icelle chapelle, l'augmentation et prinses qu'ilz ont depuis faictes pour acroistre leur dicte eglise et dont ilz sont tenus ès rentes dessus declairées, et aussi qu'ilz n'ont eu aucun fondeur, et n'ont le circuite de leur dicte eglise, cloistre, chapitre et demeure, senon par raison desdictes rentes et charges, icellui très-hault et puissant prince mon dit seigneur le regent le royaume de France, meu de devocion, congnoissant le divin service et predicacions qui continuelment, de jour en jour, se font eu dit couvent, estre à l'onneur de Dieu et de sa glorieuse mere, en la reverence de laquelle ilz sont nommez religieux et freres de Notre-Dame du Carme, et pour le salut des ames de tout le peuple, et que, pour le temps à venir, ladicte eglise et circuite, divin service et predicacions pourroient diminuer et appeticer pour raison et charge desdictes rentes, voulant tousjours acroistre les biens, redifficacions et divin service d'icellui couvent, et pour estre nommé fondeur principal et premier dudit couvent, voullu et ordonna estre achectez, de ses propres deniers, rentes suffisans pour faire commutacion et du tout deschargier icellui couvent de toutes les rentes dessus dictes, comme il appert par ses lettres patentes données à iceulx religieux en las de soie et seellées de cire verte, lequel don fu fait par icellui prince, comme fondeur, pour premiere dotacion d'icellui couvent et lieu, et delivrer à tousjours perpetuelment envers les dessus diz à qui elles sont deues et à chascun d'eulx lesdits religieux du Carme et leurs successeurs, et, pour parvenir à icelle fin, eust commis, ordonné et establi reverend pere en Dieu Mons<sup>r</sup> l'abbé du Mont-Saint-Michiel, nobles hommes chevaliers Mons<sup>r</sup> Raoul Le Saige, Mons<sup>r</sup> Jehan Salvain, bailli de Rouen, Mons<sup>r</sup> l'archediacre du Neufbourg, doien de sa chapelle, honnourables hommes et sages Rogier Mustel, viconte de l'eaue de Rouen, Michiel Durant, viconte dudit lieu de Rouen, et Guillaume Clerc [1], receveur des aides ordonnées pour la guerre audit lieu de Rouen, devers lesquieulx noble homme Mons<sup>r</sup> Guillaume de Hastentot, chevalier, seigneur dudit lieu et du Bec-au-Cauchois, aiant vraie congnoissance de la très-bonne devocion, discretion et volenté de mondit seigneur le regent, voulant à son povoir acroistre et augmenter ladicte eglise et service fait eu dit couvent des Carmes, eust fait tourner en leur offrant certaines dismes qu'il et ses predecesseurs ont acoustumé prendre et avoir en la paroisse de Cierville, et qui cy-après seront declairées, avecques lequel seigneur de Hastentot ilz sont demourez d'acord par la fourme, condicion et maniere cy aprez devisée. — Savoir faisons que, par devant Robert Le Vigneron, clerc tabellion juré en ladicte viconté, fut present ledit Mons<sup>r</sup> Guillaume

---

1. Tous ces personnages sont connus. Guillaume Clerc, natif d'Angleterre, avait épousé Catherine Lecomte, fille de Lucette de Fourquettes, mariée en secondes noces à Jean Blondel, écuyer. Le 4 janvier 1429 (v. s.) Henri VI donna à Guillaume Clerc les biens ayant appartenu audit Jean Blondel et à Lucette de Fourquettes, notamment Fourquettes au Petit-Couronne, comme forfais et confisqués pour la rébellion dudit Blondel et de sa femme. Voyez Tabellionage de Rouen, contrat du 28 septembre 1434.

de Hastentot, lequel, de sa bonne volenté, sans aucune contrainte, force, erreur ou mal engin, et pour le bien, prouffit et utilité de lui et dudit couvent et autres causes justes et raisonnables, dont sera faicte mencion cy-après, congnut et confessa avoir vendu, quictié, cedé, transporté et delessié, et encores, par ces presentes vend, quicte, cede, transporte et delesse à tous jours à fin d'eritage, tant pour lui comme pour ses hoirs, audit Mons<sup>r</sup> l'abbé, Mons<sup>r</sup> Raoul Le Sage, Mons<sup>r</sup> Jehan Salvayn, Mons<sup>r</sup> l'arcediacre, vicontes et receveur, achecteurs pour et ou nom de mondit seigneur le regent, et à tourner et convertir en l'acquit et descharge, pour les dits religieux du Carme, d'iceulx cinquante-cinq livres quinze soulz tournois de rente, tant envers le roy notre sire, fabrique de Notre-Dame de Rouen, chapelles que autres dont dessus est faicte mencion, à iceulx religieux donnez et octroiez par ledit très-noble et puissant prince Mons<sup>r</sup> le regent, comme dit est, c'est assavoir icelles dismes assises en la paroisse de Cierville, en quatre trais, dont le premier est nommé le trait de la Cauchée, le second de la Jonquaye, le tiers de Huennieres et le quart le Petit Trait, avecques les appartenances et appendences, à les cueillir et tenir par les eglises ou personnes auxquelles sera faicte commutacion, ausquieulx iceulx religieux sont et ont esté le temps passé obligiez, aussi francement et quictement comme icellui Mons<sup>r</sup> Guillaume de Hastentot et ses predecesseurs les tenoient et possidoient au-devant du jour d'uy, et ainsi icellui Mons<sup>r</sup> Guillaume de Hastentot les promist, tant pour lui comme pour ses hoirs et ayans cause, envers et contre toutes personnes garantir, delivrer et deffendre de tous troubles, encombremens, empeschemens, charges, debtes, lettres, douaires, vivres, pensions, pleiges, contre-pleiges, obligacions, ypotheques et autres choses quelzconques acquiter et delivrer, en jugement et dehors, à ses propres coustz et despens, toutes et quantes fois que requis et mestier en sera, ou ailleurs autant eschangier en son autre propre heritage, vallue à vallue, se mestier en estoit ; ceste vendue, quictement, transport et delais fait par le prix et somme de douze cens salus d'or, de bon or et pois courans pour le jourd'ui, avecques vingt livres tournois pour vin, francement, que ledit vendeur en congnut avoir eubz et receux dudit Mons<sup>r</sup> le regent en icelle monnoie d'or par la main dudit Guillaume Clerc, et dont de tout il se tint pour bien paié, content et agréé par devant ledit tabellion, et en quicta et clama quictes à tousjours mondit s<sup>r</sup> le regent, abbé, chevalliers, doien, vicontes et receveur et tous autres, et presentement d'iceulx quatre trais de disme et les appartenances

se dessaisi et devesti et en voult estre saisi et vestu mondit sr le
regent, voullant qu'il en puisse prendre ou faire prendre, par telle
personne qu'il lui plaira, saisine et possession corporelle et actuelle,
toutes fois qu'il leur plaira, sans ce que lui ne ses hoirs le puissent
contredire ou empeschier en quelque maniere. Et ainsi mis en pai-
sible possession du dit heritage, Monsr le regent ordonna en estre
revestus et saisis les eglises et personnes ausquelles les dessus nommez religieux, à la cause de leur lieu et couvent, comme à present
se comportent, estoient obligiez par devant, pour raison de laquelle
descharge les dits religieux de Notre-Dame du Carme et leurs successeurs seront tenus faire et dire dedens la dicte eglise à tous jours
mais perpetuelment, premierement, tous les jours une messe à note
de Notre-Dame bien matin, à l'intention de mon dit sr le regent et
de la très haulte et puissante princesse madame Anne de Bourgongne,
sa femme et espouse, comme leurs propres fondeurs, et dont le religieux qui dira la dicte messe sera tenu dire une oroison, c'est assavoir : *Deus qui caritatis*, en laquelle sera faicte expresse mencion de
leurs personnes en disant ainsi : *Da Johanni, famulo tuo, et Anne,
ejus consorti, fundatoribus nostris, pro quibus tuam deprecamur cle-
menciam, salutem mentis et corporis* et cetera ; item, tous les jours,
à perpetuité, dedens leur dit chapitre, quand ilz diront *Deus, mise-
reatur nostri*, devront dire pour les dessus nommez prere et oreson,
en leur vivant, pour leur prosperité, et après leurs deceps, sera
muée en une des trespassez ; item, seront tenus dire, chanter et
celebrer chascun an perpetuelment, solennelment et à tous jours ung
anniversaire pour les dessus dits fondeurs et à leur intention par telle
fourme et maniere que, leurs vies durans, icellui anniversaire se
fera le jour que trespassa le pere de mon dit sr le regent, et aprez
leurs decès, à tel jour comme l'un d'eulx trespassera, et finablement
à tel jour comme trespassera mon dit sr le regent fondeur, comme
dit est, et si pourront icellui Monsr le regent et notre très redoubtée
et honorée dame sa femme et compaigne, s'il leur plaist, faire meitre
aux deux costez de la dicte eglise du Carme les ymages de leurs deux
personnes contrepans à genoulz, et dessoubz eulx leurs armes et les
ymages eslevez, lesquelles choses faire et acomplir sont tenus et obligiez apperpetuité les freres du dit couvent, comme il appert par leurs
lettres patentes seellées de leurs seaulx, que a devers soy le dit très
noble prince, toutes lesquelles choses dessus dictes et chascune
d'icelles icellui Monsr Guillaume de Hastentot, en tant qui luy touche,
et aprez ce qu'ilz lui ourent esté leues mot aprez mot, tant pour lui

comme pour ses hoirs, promist tenir, enteriner et acomplir de point en point.... Ce fu fait l'an de grace mil quatre cens vingt huit, le jeudi xxvii^e jour du mois de may. Present : Robin Filleul et Jehannin de Brunville. — Ainsi signé : R. Vigneron.

Mémorial de ces lettres donné, après lecture, aux religieux du Carme, par Pierre Poolin, lieutenant-général de Jean Salvaing, chevalier, bailli de Rouen et de Gisors, en l'assise de Rouen, du lundi 12 juillet 1428.

Archives de la Seine-Inférieure. — Expédition authentique de cet acte dans le fonds du chapitre de Rouen. — Transcription du même acte dans le cartulaire de la cathédrale, G. 2288, folio 228 ; — autre transcription dans le registre du tabellionage de Rouen de 1428, folio 314. — Ce document a été publié assez inexactement, par Farin, dans son *Histoire de la ville de Rouen*, 3^e partie, p. 289 et suivantes.


## II.

Donacio habitus canonici domino duci Bethfordie in ecclesia Rothomagensi cum distribucione panis et vini. — 20 octobre 1430.


Anno Domini millesimo cccc. xxx°, die xx^a mensis octobris, capitulantibus dominis et magistris Johanne Bruilloti, cantore, N. de Venderes, archidiacono de Augo, J. Guarini, archidiacono Vulgassini Francie, J. de Porta, H. Gorren, R. Barberii, J. Rube, J. Ad-ensem, J. Basset, J. Maugerii, G. de Baudribosco, Rad. de Hangest, N. Caval, P. de Clinchamp, N. Couppequesne, R. Morelet, G. Fabri, G. de Deserto, J. Pinchon, Rad. Veret, et J. Regis, domino decano absente.

Exposita de parte excellentissimi similiter et potentissimi domini Johannis, filii regis et ducis Bedfordie, avunculi serenissimi invictissimique Henrici, regis Francie et Anglie, nobis capitulantibus devocione quam gerebat ad Dominum nostrum Jhesum Christum et gloriosissimam Virginem Mariam genitricem ejus, et exposita similiter ejus affectuosa peticione per quam, figens spem in eos suorum corporis et anime salutis suæque consortis illustrissime domine Anne de Burgundia, poscebat a nobis, collegium nostrum sic honorando, quod ipsum, qui de numero fundatorum nostrorum existit [1] et dominus

---

1. Il était *fondateur* du chapitre comme descendant des anciens ducs de Normandie, rois d'Angleterre, et plus directement encore comme donateur des dîmes de Sierville.

noster est metuentissimus, in fratrem nostrum reciperemus, per nos
communicando sibi panem et vinum nostros cotidianos, et in signum
fraternitatis de superlicio similiter et almucio vestiretur, necnon in
universorum nostrorum et singulorum tociusque collegii suffragiis
associaretur, plenam sibi sueque consorti generosissime et illustrissime Anne supradicte donando participationem [beneficiorum] que
per nos operari dignabitur sancte Trinitatis clementia. Nos autem,
super hiis habita deliberacione matura, utilitatem ecclesie, nostrorum omnium et singulorum multimodam per hec previdendo per
prescripta, concurrentes unanimo (*sic*) conssensu, conclusimus,
actendenda ejus devocione qui se sic dignatus est humiliare, ipsum
modis omnibus suprascriptis et amplioribus, si et quando placuerit,
cum gaudio recipere debere, non solum in fratrem, sed etiam in
dominum singularem et prehonorandum specialiter post regem, qui
dominus noster dux sic prehonorandus, a nobis de dicta conclusione
nostra certificatus, xxjᵃ mensis octobris, in hoc anno gracie millesimo
cccc tricesimo, nobis significari fecit se predicta velle facturum lune
sequenti, que fuit xxxiijᵃ dicti mensis et dies festi Sancti Romani, que
dicitur ad Pardonem [1], qua die, que solennis erat, adimplecturus
premissa, ductu Sancti Spiritus, devotissime venit ad ecclesiam
istam, suam predictam consortem secum adducens, prescriptis suffragiis participaturam, qui cum gaudio per reverendum patrem et
dominum Petrum, episcopum Belvacensem et parem Francie, ponti-
ficalibus inductum [2], secum assistentibus dominis episcopis Abrin-
censi et Ebroicensi [3], cum dominis cantore, thesaurario, archidia-
conis de Augo, de Vulgassino Francie et Parvi Caleti, cum domino
cancellario, pluribusque canonicis et cappellanis, cum eciam multi-
tudine copiosa abbatum, priorum, aliorumque virorum ecclesiastico-
rum, militum, armigerorum, dominarum et domicellarum et aliorum,
tam civium quam aliorum statuum utriusque sexus. Et ipse, cum
ejus clarissima consorte, sic ad magnam portam ecclesie recepti, post
aspersionem aque benedicte, similiter osculatis per ipsos in manus
predicti pontificis sancta cruce, textu similiter euvangeliorum, pre-

---

1. La foire du Pardon est encore aujourd'hui la plus importante des foires de
la ville de Rouen. — Le jour de son ouverture était pris comme terme de paiement dans un grand nombre de contrats.

2. Pierre Cauchon, évêque de Beauvais, membre du Conseil du roi. — Le
conseil siégeait alors à Rouen, par suite de la présence dans cette ville du roi
d'Angleterre.

3. Jean de Saint-Avit, évêque d'Avranches; Martial Fournier, évêque d'Evreux.

dictis dominis canonicis et toto collegio antiphonam de *Beata Marie*
phallentibus (*sic*), et processionaliter preambulantibus cum devocione,
similiter processionantes venerunt prostraturi et cruxifixum oraturi [1]
beatamque Mariam, necnon salutaturi reliquias Opere [2], et demum,
ab oratione levati, processionem continuantes ad capitulum accesse-
runt, ubi sedens ipse dominus in exellenciori loco et ejus generosissima
consors pauloper ad latus dextrum, genibus flexis, stans longuo spa-
tio, ipsum semper aspiciens cum devocione, quousque cepit venerabilis vir magister Nicolaus Couppequesne proponere verbum Dei, quo
proponente, ipsa sedit cum humilitate supra talos suos quousque se
levavit dictus dominus, recepturus humiliter et devote superlicium
et almucium de manu domini cantoris in signum fraternitatis, sic
humaniter descendendo nobiscum. Quibus sic agitatis, venerunt
infantes in albis [3] cum magnis candelabris et cereis ardentibus,
textum euvangeliorum et panem etc. deferentes, super quo textu,
manu levata, juramentum de juribus et libertatibus ecclesie servan-
dis fide media firmavit ; et panis et vini per tradicionem fuit sibi
possessio donata ; super quo, repellans (*sic*) ingratitudinis vicium,
graciarum actionibus uberioribus per ipsum dominum redditis, con-
tinuaverunt processionem ad chorum, a quo statim alia cepta processione, solenni et ordinaria more festorum triplicium, venerunt
in girum ecclesie, redientes per navem in choro, omnes stantes in
capis sericis, ipso domino dempto, qui debilitatus infirmitate de qua
nuper levaverat minime portare valebat ; tamen ipsam per quendam
ipsum precedentem sine medio defferre [faciebat], videntibus cunctis ;
et infra missarum solennia misit in revestiarium unam cappellam
munitam fronterio, dosserio, mappa parata, duabus cortinis, lec-
turno, xvij[tem] cappis, casula, dalmatica, tunica, tribus albis, tribus
amictis, duabus stolis, tribus manipulis, quinque albis pro pueris
altaris, que quidem cappella est de taffetas rubeo, seminato floribus
lilii de auro de sipra, cum quodam auriculari ejusdem coloris ; et
eciam dedit unum calicem de auro ponderis duarum marcharum cum
septem unciis vel eocirca, in cujus patena est unum capud figuratum
quasi quedam Veronica. Et misse solemniis peractis, transierunt
prefatus dominus et ejus consors ad prandium, ubi, cum magna

---

1. Le crucifix était à l'entrée du chœur, au-dessus du jubé ou *pulpitum*,
comme il est encore aujourd'hui.

2. Les reliques de l'œuvre renfermées dans 4 châsses dites les châsses de
Notre-Dame, de Saint-Romain, de Sainte-Anne et de Saint-Sever.

3. Les enfants de chœur de la cathédrale.

mansuetudine, receperunt a capitulo panes octo, vini quoque quatuor galones. Ipsos pascere dignetur pane celesti Jhesus-Christus, filius Dei, sue gloriosissime genitricis intercessionibus et sancti Romani ! *Amen.* Et in crastinum duos panes habuit, prout quilibet canonicorum presencium. Volumus quod de cetero, quamdiu erit in hac civitate, tantundem panis qualibet die sibi distribui sicut uni nostrum panem suum lucrancium.

Tenor littere dicto domino duci date.

Illustrissimo potentique principi, Jo. duci Bedfordie, illustrissimi domini nostri regis patruo inclito, et illustrissime ejus consorti, domine Anne de Burgundia, sui devoti oratores et humiles cappellani capitulum ecclesie cathedralis Rothomagensis, totumque ejusdem collegium, humilitatem, reverenciam et honorem, cum devotarum orationum suffragio salutari et omnium virtutum incremento. Cum sit Deo acceptabile beneficii accepti memoriam retinere, nos, ampla beneficia de liberalitate largiflua vestre magnificencie accepta, sinceramque devocionem quam ad gloriosissimam Dei genitricem Virginem Mariam, patronam nostram, dictamque ecclesiam gerere comprobavimus, actentius recensentes, eamque zelo sincere caritatis acceptantes, cupientesque spiritualia bona, que in dicta ecclesia operari dignabitur Altissimus, vestris impensis beneficiis, vicissitudine congrua, respondere, vos et quemlibet vestrum ad universa et singula nostrum omnium suffragia perpetuo recipimus, in vita pariter et morte, plenam vobis bonorum omnium participationem concedendo que per nos et successores nostros ac in tota dicta ecclesia fieri concedet clemencia Salvatoris. Datum sub magno sigillo dicte nostre ecclesie, anno Domini millesimo iiii.c$^{mo}$ xxx°, die xxiij$^a$ mensis octobris.

(Registres capitulaires G. 2126, folios LIX et suiv.)<br>
7 Décembre 1430.

Domini ordinaverunt quod dominus thesaurarius archiepiscopatus Rothomagensis, sede vacante, mictat de vino distribucionis festi Conceptionis Beate Marie Virginis [1] domino duci Bedfordie et magistro Thome Fascier.

---

1. Une distribution de vin était due par l'archevêque aux chanoines à l'occasion de la fête de la Conception. Ce siége était alors vacant par la translation du cardinal de la Rochetaillée au siége de Besançon.

## III

Donation faite par le duc de Bedford au chapitre de Rouen, des dimes
de Sierville, à charge de tenir les Carmes quittes des rentes qu'ils
devaient à l'église de Rouen, et d'acquitter certains services pour lui
et pour sa femme Anne de Bourgogne. — 31 décembre 1430.

Johannes, filius, frater et avunculus regum, dux Bedfordie et
Andegavie, comes Cenomanie, Richemondie, Kandalie et Haricurie,
notum facimus universis, tam presentibus quam futuris, quod, cum
nos, pia devocione sanctaque consideracione moti nuper in animo
conceperimus atque proposuerimus religiosos viros fratres Beate
Marie de Carmelo et eorum domum Rothomagensem exonerare pos-
sibiliter seu exonerari procurare a certis annuis redditibus et perpe-
tuis in quibus ipsi fratres et religiosi fuerant et erant pluribus et
diversis personis efficaciter obligati, et maxime a triginta quinque
solidis turonensibus decano et capitulo, octodecim libris fabrice,
triginta solidis capellanie Sancti Severi et communie ecclesie majoris
Rothomagensis quadraginta solidis turonensibus per cos singulis
annis debitis, divinum etiam cultum in ipsa majori ecclesia, matre
et precipua ac metropolitana omnium aliarum ecclesiarum tocius
ducatus Normannie et provincie Rothomagensis, ipsiusque ecclesie
majoris redditus augmentare, quapropter certas decimas sive certos
tractus decimarum situatos in parrochia de Sihervilla a dilecto nostro
nobili viro domino Guillelmo de Hatentot, milite, emerimus et acqui-
sierimus, quas sive quos, sub spe quod dicti decanus et capitulum
ipsius majoris ecclesie dictos fratres ac religiosos a prefatis redditibus
per eosdem fratres eis et dictis fabrice, capellanie et communie debitis
exonerarent, nosque et carissimam et dilectissimam nostram consortem in oracionibus et precibus dicte eorum ecclesie associarent ;
et quia nobis, per experienciam constitit atque constat quod dicti de
capitulo, decano absente, dictum nostrum laudabile propositum
ratificantes et approbantes dictos fratres et religiosos Beate Marie
de Carmelo et eorum domum Rothomagensem a predesignatis, que
ascendunt in universo ad sommam viginti trium librarum et quinque solidorum turonensium, exonerare duxerunt, seque, tam pro se
quam dictis fabrica, capellania et communia eorumque successoribus
fortes fecerunt, pedemque suum versus dictos (*sic*) fabricam, cap-
pellaniam et communiam pro dictis fratribus posuerunt, ipsos fratres
et religiosos a dictis redditibus omnino exonerando, acquitando,

liberando et absolvendo, sub tamen modo ac condicione quod, casu quo in futurum forsan (quod absit) dictas decimas seu tractus decimarum ab eis decano et capitulo evinci vel occasione minus sufficientis amortisationis extra eorum sive eorum successorum manum poni contigerit, poterunt ipsi successoresque sui, in vim prioris obligacionis, ut fieri potuisset, habere recursum ad prefatos redditus, predictis liberacione, exoneracione et absolucione non obstantibus. Et insuper, considerantes ipsi quod, pro presenti, valor dictarum decimarum communi estimacione excedit valorem dictorum reddituum, spesque eciam est futuris temporibus, Dei gracia preveniente, peramplius excedere, volucrunt et ordinaverunt atque polliciti sunt et ad hoc se successoresque suos confessi sunt per eos cappellanos atque clericos chori dicte sue ecclesie, tam presentes quam futuros de cetero imperpetuum, anno quolibet, pro salute et prosperitate nostri et predicte carissime consortis nostre, quamdiu vivemus, in dicta eorum ecclesia in choro ejusdem et ad majus altare duas missas solenniter cum nota, presbytero, diacono, subdiacono, cantore et quatuor canonicis chorum regentibus celebrare et celebrari facere, unam videlicet de Sancto Spiritu, die vicesimo mensis junii, cum indumentis et cappis rubeis pro nobis, et aliam, die sabbati immediate sequentis festum Annunciacionis dominice cum indumentis et capis albis aut aliis decentibus et honestis pro dicta carissima nostra consorte. Ita etiam quod post decessum nostri nostreque consortis, dicte due misse mutabuntur in duas alias de *Requiem* cum vigiliis mortuorum solemnibus, que misse, pro nobis nostrorumque progenitorum animarum salute, celebrabuntur diebus talibus, sicut, annuente Domino, contigerit nos ambos ab hac luce migrare; et dicte vigilie [celebrabuntur] diebus immediate precedentibus, nisi tamen propter solemnitatem dierum occurrerit impedimentum quo obstante ipsis diebus non valerent aut deberent celebrari, quo casu diebus immediate precedentibus celebrabuntur, presbytero, diacono, subdiacono, cantore, iiii$^{or}$ canonicis et duobus cappellanis chorum regentibus, indumentis et capis nigris revestitis, ardebuntque, durantibus dictis missis et serviciis, duodecim cerei in pillaribus circumferentibus majus altare, et fiet pulsacio cum magna campana et omnibus aliis campanis quibus consuetum est pulsari in obitu recollende memorie domini et fratris nostri Henrici regis Anglie, heredis et regentis regnum Francie novissime defuncti ; et in eisdem missis et vigiliis fiet distribucio totalis pretacti residui reddituum decimarum, more solito, inter canonicos, cappellanos et clericos chori in ipsis continue existentes, aliis absentibus nichil percipientibus, nisi per impotenciam infirmitatis, senectutis aut pro negociis ecclesie veraciter fuerint excusati, videlicet deductis prius viginti tribus libris et quinque solidis turonensibus predictis et aliis oneribus. Et preterea nos et predictam carissimam consortem nostram et omnes et singulos progenitores nostros in orationibus cunctis, precibus et missis que de cetero fient et dicentur in dicta eorum ecclesia, in eisque voluerunt esse participes, necnon ea omnia et singula in martirologio dicte eorum ecclesie ad perpetuam memoriam inscribi et registrari fecerunt, prout hec omnia et singula in suis litteris patentibus sigillo magno dicte sue ecclesie nobis propterea traditis lucidius annotantur. Hinc fuit et est quod nos, prout causis et racionibus supradictis tenebamur nos fore astrictum, ad laudem Dei et gloriose Beate Marie Virginis ejus matris sanctorumque omnium et sanctarum atque civium supernorum gloriam necnon divini cultus augmentum, prefatis decano et capitulo, suisque successoribus predictas decimas seu decimarum tractus, per nos, sicut prefertur, acquisitos, ut amortizatos donavimus et integraliter concessimus, damusque et concedimus per presentes totale jus quod in eis habebamus, in eos successoresque suos transferentes, cedentes, quictantes et penitus eis relinquentes, nichil juris in eis aut ad eas quomodolibet retinendo, reservando aut eciam de cetero reclamando. Et ut hec presens nostra concessio perpetuo rata et firma remaneat, presentibus litteris sigillum nostrum duximus apponendum, in fidem et testimonium premissorum. Datum Rothomagi, die ultima mensis decembris, anno Domini millesimo quadringentesimo tricesimo. Sic signatum : Per dominum ducem, J. Drosay. Visa; Contentor : J. Drosay.

Ces presentes lettres furent leues et publiées en l'assise de Rouen, tenue par Laurens Guedon, lieutenant général de noble homme Monsr Raoul Bouteiller, chevalier, bailli de Rouen et de Gisors, le mardi xxiiij^e jour d'avril, continué du lundi xvj^e jour dudit mois, l'an de grace mil iiii^c trente ung. Ainsi signé : Du Busc.

(Archives de la Seine-Inférieure, fonds du Chapitre de Rouen.) — Ces lettres ont été transcrites dans le cartulaire de la Cathédrale, et dans les registres capitulaires G. 2126, sous la date du 9 janvier 1430 (v. s.).

## IV

De Processionibus faciendis pro domino duce Bedfordie.

Anno Domini millesimo cccc xxx°, die xiij[a] mensis januarii, capitulantibus dominis et magistris J. Bruilloti, cantore, N. de Venderes, archidiacono Augi, J. Guarini, archidiacono Vulgassini Francie, J. de Porta, H. Gorren, J. Rube, J. Basset, G. de Baudribosco, Rad. de Hangest, N. Caval, G. Fabri, R. Morelet, G. de Deserto, J. Pinchon, Radulfo Veret, et J. Gauffridi.

Prefati domini, certis de causis eos moventibus, ordinaverunt quod cotidie in hac Rothomagensi ecclesia, quousque aliud fuerit ordinatum, fiat processio per ecclesiam pro prosperitate domini ducis Bedfordie et sue comitive et pro securitate victualium in aqua Secane existentium pro ducendo Parisius, et quod omnes domini canonici in dicta processione intersint sub pena amissionis unius panis pro quolibet deffectu nisi legitime impediantur, et quod qualibet die fiat una collecta in majori missa pro iter agentibus, et eciam quod capellani in dicta processione intersint[1].

(Registres capitulaires, G. 2126, fol. LXXIX verso.)

## V

Testament du duc de Bedford.

Universis presentes litteras seu presens publicum instrumentum inspecturis, officialis Rothomagensis, salutem in Domino. Notum facimus quod, anno ejusdem Domini millesimo quadringentesimo tricesimo quinto, indicione decima quarta, die vero nona mensis novembris, pontificatus sanctissimi [in Christo patris] et domini nostri domini Eugenii, divina providentia, pape quarti, anno quinto, facta nobis fide per sigillum et signum manuale, venerande circumspectionis et scientie [viri, magistri] Alani Kirketon[2], decretorum

---

1. Il s'agissait de faire entrer à Paris un fort convoi de vivres. — L'expédition réussit.

2. Il était chanoine d'Evreux et archidiacre du Neufbourg le 20 janvier 1421 (Rymer, IV, part. IV, p. 3). Il fut nommé chanoine de Rouen le dernier mai 1432. (Délib. capitul. de Notre-Dame de Rouen.) Il échangea ce canonicat contre une prébende en la cathédrale d'Exeter possédée par Guillaume Estoby. (*Ibidem*, délib. du 27 août 1437.) Il mourut en 1443. (*Ibid.*, délib. du 10 août de cette

doctoris, ecclesiarum sanctorum Petri Eboracensis et Pauli Londoniensis canonici prebendati, ac rectoris sive curati ecclesie parrochialis sancti Petri de Oundell [Lincolniensis] diocesis, et capelle illustrissimi principis domini Johannis, gubernantis et regentis regnum Francie ducis Bedfordie decani, necnon signum et subscripcionem discreti viri magistri Egidii [de Ferieres], clerici, Ebroicensis diocesis oriundi, publici, auctoritate apostolica, notarii jurati, quod quedam cedula sive quoddam publicum instrumentum patens, nobis tradita et exhibita seu traditum et exhibitum, erat testamentum seu ultima voluntas inclite memorie dicti serenissimi principis domini Johannis, regentis et gubernantis regnum Francie et ducis Bedfordie deffuncti, ipsam cedulam sive publicum instrumentum laudamus, approbamus, et in hanc publicam formam redigi fecimus, salvo tamen jure nostro et quolibet alieno, cujus quidem cedule seu instrumenti tenor de verbo ad verbum sequitur et est talis :

Universis presentes litteras seu presens publicum instrumentum inspecturis, Alanus Kirketon, decretorum doctor, ecclesiarum cathedralium sancti Petri Eboracensis et sancti Pauli Londoniensis canonicus prebendatus, rectorque seu curatus ecclesie parrochialis sancti Petri de Oundell, Lincolniensis diocesis, ac capelle illustrissimi principis domini Johannis, gubernantis et regentis regnum Francie, ducis Bedfordie, decanus, salutem in Domino. Notum facimus quod, in nostra, notariique publici et testium infrascriptorum presencia personaliter constitutus, prefatus illustrissimus princeps dominus Johannes, gubernans et regens, licet eger corpore, sanus tamen mente, et in bona, per Dei gratiam, memoria existens, considerans et actendens quod breves dies hominis sunt, et quod nichil est cercius morte, nec incercius ejus hora, nolens ab hoc seculo intestatus decedere, imo tanquam verus catholicus de bonis a Deo sibi collatis cupiens, tam pro salute anime sue quam alias, uti melius posset, disponere, fecit et ordinavit testamentum suum seu ejus ultimam voluntatem in modum et formam qui sequitur : Primo animam suam, dum ipsa de corpore suo exierit, devote et humiliter Deo creatori nostro et beatissime Virgini Marie, ejus matri, totique cetui curie celestis commendavit. Item, sepulturam suam elegit videlicet, in casu quo ipsum decedere contigerit in partibus Normannie, in ecclesia Beate Marie Rothomagensis ; et si in Picardia, in ecclesia Beate

année.) Il fut pendant plusieurs années conseiller du roi Henri VI et maître des requêtes de son hôtel.

Marie de Morineto ; et, casu quo decederet in regno Anglie, in abbacia seu monasterio de Walthan, Londoniensis diocesis [1]; et voluit et ordinavit servicium, luminare et alias ordinaciones inhumacionis exequiarum et sepulture suarum fieri sicut decet pro principe sui status, juxta bonum advisamentum, ordinacionem, discretionem suorum execulorum inferius nominatorum, videlicet illorum qui, tempore decessus sui, presentes in Francia erunt, si ibidem decedat ; et, si in Anglia decedat, ad voluntatem et ordinacionem illorum qui tunc ibidem erunt presentes. Item, voluit et ordinavit quod debita sua solvantur et forefacta emendentur primitus et ante omnia. Item, dedit et legavit illi predicte ecclesie in qua inhumabitur omnia integraliter ornamenta et indumenta capelle, tam in capis quam alias, que habet brodata de radicibus auri super velutum rubeum, et unum calicem auri munitum lapidibus, quem fecit fieri in hospicio suo de Turnellis Parisius per Stephanum, illotunc ejus aurifabrum. Item, dedit et legavit prefate ecclesie unum par majorum thuribulorum argenteorum deauratorum, que noviter fabricare fecit Parisius, et unam crucem argenteam deauratam cum buretis quas habuit de redemptione Johannis de Alençonio. Item, dedit et legavit illustrissime principisse domine Jacobe [2], ejus consorti, omnes terras, tenementa, census, proventus, redditus et dominia, cum omnibus suis juribus et pertinentiis universis, quos quas et que idem dominus testator habet et possidet, sive ex conquestu, sive ex proprio, tam in Francia quam in Anglia, eis gavisure vita sua [durante], excepto castro, terra et dominio de Haya-Putei [3], que dedit et legavit Ricardo bastardo de Bedford, ejus filio naturali, cum omnibus suis juribus et pertinenciis, tenendo et habendo per ipsum Ricardum, quoad vixerit dumtaxat. Item, voluit et ordinavit quod, post decessum dicte domine consortis sue ac dicti Ricardi, omnes terre, tenementa, census, redditus, proventus et dominia predicta cum suis juribus et

---

1. Par un testament antérieur, annulé par celui-ci, Bedford avait ordonné, pour le cas où il mourrait en France, que son corps fût inhumé dans sa chapelle d'Amiens. L'abbaye de Waltham, dans ce testament, comme dans celui de 1435, devait être le lieu de sa sépulture pour le cas où il mourrait en Angleterre. (*Inventaire sommaire des Archives du département de la Côte-d'Or. — Notice* de M. l'abbé Cochet *sur la découverte et la visite du tombeau de Bedford.*)

2. Jacqueline de Luxembourg, qu'il avait épousée à Thérouanne, en 1433, peu de temps après la mort d'Anne de Bourgogne.

3. La Haye-du-Puits (Manche).

pertinenciis universis sint, pertineant, et remaneant domino nostro Henrico Francie et Anglie regi, quem fecit, nominavit et ordinavit heredem suum. Item, voluit et ordinavit quod executores sui habeant servitores suos specialiter in omnibus recommissos, eos in singulis favorabiliter et honeste tractando ac eis favores exhibendo, et quod omnimodo stipendia eis debita fideliter et integraliter cum omni diligentia eis persolvantur, quodque dictis servitoribus suis, secundum discrecionem ipsorum executorum suorum, meritis et qualitatibus personarum consideratis, fiat retribucio et recognitio serviciorum specialis ad partem. De residuo autem bonorum suorum non datorum nec legatorum, post debita sua, forefacta et legata soluta et emendata, voluit idem dominus testator quod dicti executores sui disponant et provideant ad salutem anime sue, juribus tamen quorumcumque in omnibus hujusmodi residuum concernentibus semper salvis. Pro quibus omnibus exequendis et adimplendis ordinavit et elegit idem illustrissimus princeps testator executores suos reverendissimos ac reverendum in Christo patres dominos Henricum, cardinalem Anglie vulgariter nuncupatum, Ludovicum, episcopum Morinensem, cancellarium Francie, ejus avunculos, Johannem, archiepiscopum Eboracensem, dominum Radulphum Cramwell, dominum de Cramwell, thesaurarium Anglie, dominum Johannem Fastolf, magnum magistrum hospicii sui, dominum Andream Ogard, ipsius camerarium, milites, Ricardum Boukeland, thesaurarium de Calesio, et Robertum Whityngham, ejus receptorem generalem in Anglia, armigeros, quorum quatuor vel tres onus et execucionem presentis testamenti, dummodo dictus dominus cardinalis vel prefatus dominus cancellarius Francie sive memoratus dominus archiepiscopus Eboracensis de illis quatuor vel tribus existat semper unus, possint perficere et adimplere adeo integre ac si omnes prenominati executores simul adessent, quos executores immediate aut tam cito post ejus decessum, sicut commode fieri poterit, voluit saisiri de omnibus bonis suis, tam mobilibus quam immobilibus, et ipsa bona eis realiter tradi et liberari ad usum et complementum premissorum. Et presentis testamenti voluit et ordinavit prefatum dominum nostrum regem esse et fore precipuum provisorem et principalem manutentorem, voluitque et ordinavit quod hujusmodi testamentum teneat et valeat sic per modum testamenti vel codicilli aut ultime voluntatis melioribus modo et forma quibus fieri poterit, revocando et anullando omnia alia testamenta seu ordinaciones ultime voluntatis per ipsum facta temporibus retroactis. Declaravit insuper prefatus princeps

testator non esse voluntatis aut intencionis sue quod predicti executores sui seu aliquis eorum teneantur aut teneatur respondere de
majori somma seu quantitate bonorum quam hujusmodi bona sua
valeant seu se poterunt extendere. In quorum premissorum testimonium et fidem, presentibus litteris seu presenti publico instrumento
sigillum nostrum et signum manuale, unacum signo et subscriptione
dicti notarii, apposuimus. Datum et actum in castro Rothomagensi,
anno Domini millesimo quadringentesimo tricesimo quinto, die
decima mensis septembris, indicione decima tercia, pontificatus
sanctissimi in Christo patris et domini nostri domini Eugenii, divina
providencia, pape quarti, anno quinto, presentibus nobilibus ac
venerabilibus et circumspectis viris dominis Bernardo de Montfer-
rant, dicti domini testatoris camerario, Nicolao Burdet, militibus ;
magistro Petro Yrford, sacre theologie professore, confessore, Roberto
Warde, elemosinario, magistro Johanne de Rawudis, et magistro
Philiberto Furnerii, medicis predicti domini ; Henrico Clifford,
Ricardo Leyland, thesaurario domus ; Johanne du Puch et Regi-
naldo Bresyngham, hostiariis camere ; Briano Scapulton, Johanne
de Mortemer, Thoma Burneby et Thoma Demport, armigeris ;
Johanne Stouley, Roberto Martin, valetis de camera ; Nicolao Morth-
wayt, Johanne Snayth, gromis de camera, et pluribus aliis servitoribus ipsius domini testatoris, testibus ad premissa vocatis et rogatis.
Sic signatum : A. K. Tenor vero subscriptionis notarii subscripti
talis est : Et quia ego Egidius de Ferieres, clericus, Ebroicensis
diocesis oriundus, publicus, auctoritate apostolica, notarius, premissis omnibus et singulis, sicut supra scribuntur acta, et dum
fierent, unacum dicto domino decano, testibusque prenominatis
presens interfui, eaque substancialiter sic intelexi et audivi, excepta
clausula ubi de residuo bonorum non datorum aut legatorum fit
mencio, quam clausulam, si in forma superius denotata dictus princeps testator dixerit et protulerit, non proprie intellexi, quia multo-
ciens, faciendo dictum testamentum verbis anglicis loquebatur,
idcirco presentibus litteris seu presenti publico instrumento, signo
manuali ac sigillo ipsius decani signatis et sigillatis, signum meum
publicum solitum apposui, me subscribens, requisitus et rogatus.
Quod autem vidimus hoc testamur, et per signa, sigillum et subscripcionem predicta approbamus. In quorum omnium et singulorum
fidem et testimonium premissorum, presentes litteras seu presens
publicum instrumentum per notarios publicos infrascriptos signari
et subscribi sigillique magni curie nostre Rothomagensis fecimus

et jussimus appensione muniri. Actum et datum, ut supra, anno Domini et die primo datis.

Et ego Guillermus Manchon, presbyter, Rothomagensis diocesis, publicus, apostolica et imperiali auctoritatibus, curieque archiepiscopalis Rothomagensis juratus notarius, ejusdem testamenti exhibitioni et approbacioni, ceterisque premisis, dum, sicut premittitur, dicerentur, agerentur et fierent, unacum notario insfrascripto presens fui, eaque sic fieri vidi et audivi. Ideo, presentibus litteris sive presenti instrumento publico, aliena manu fideliter scriptis, signum meum solitum, unacum appensione sigilli magni curie Rothomagensis ac signo et subscriptione dicti notarii, apponi, in fidem et testimonium premissorum, requisitus.

Et ego Petrus Cochon [1], presbyter, Rothomagensis diocesis, publicus, apostolica et imperiali auctoritatibus, curieque archiepiscopalis Rothomagensis juratus notarius, ejusdem testamenti exhibitioni et approbacioni ceterisque premissis omnibus et singulis, ut premictitur, [dum] dicerentur, agerentur et fierent, unacum notario suprascripto, presens fui, eaque sic fieri vidi et audivi. Ideo presentibus licteris sive presenti publico instrumento, aliena manu fideliter scriptis, signum meum solitum et consuetum, unacum appensione sigilli magni curie Rothomagensis ac signo et subscriptione predicti notarii, apposui, in testimonium premissorum, requisitus. Interlignum ubi legitur *memoria* et rasuram ubi legitur *vita sua durante* subtantialiter (*sic*) approbo sub eodem signo.

Signé : P. Cochon, avec paraphe.

Sur le repli : N. de Billy.

(Archives de la Seine-Inférieure, fonds du chapitre.)

VI

Extraits des registres des Délibérations capitulaires de Notre-Dame de Rouen.

27 septembre 1435.

Anno Domini millesimo cccc. xxxv<sup>to</sup>, die xxvii<sup>a</sup> mensis septembris, de releveya, in capitulo ecclesie Rothomagensis congregatis et capitulantibus dominis et magistris Radulpho Rousselli, thesaurario, N. de Venderès, archidiacono de Augo, H. Gorren, R. Barberii, J. Rubé, G. de Baudribosco, Rad. de Hangest, J. Regis, N. Caval,

---

1. Pierre Cochon, l'auteur de la *Chronique normande*.

G. de Gardinis, J. Maugerii, P. de Clinchamp, R. Morelet, G. Fabri,
Guidone de Bisuncio, P. Mauricii, J. Piquet, G. de Liveto, J. Gauf-
frido, J. Pinchon et Johanne d'Esquay, domino decano absente.

Cum executores deffuncti, inclite memorie, domini Johannis ducis
Bedfordie, regentis et gubernantis regnum Francie, qui obiit in castro
Rothomagensi die Exaltacionis Sancte Crucis novissime lapso et elegit
in hac Rothomagensi ecclesia suam sepulturam, ut fertur, vellent
componere super pulsacione ad causam inhumacionis ejusdem
facienda, prefati Domini de capitulo et dominus thesaurarius, communi conssensu, nomine ipsorum et pro ipsis, commiserunt et deputaverunt dominos Radulphum de Carvilla et Ricardum Mathei, pres-
byteros in hac Rothomagensi ecclesia beneficiatos, ad componendum
cum dictis executoribus juxta instructiones per dictos dominos capitulantes et thesaurarium eisdem tradendas et compositionem per
eos factam referendum in capitulo dictis dominis de capitulo et
thesaurario[1].

30 septembre 1435.

Anno Domini millesimo cccc. xxxv[to], die ultima mensis septembris, in hac Rothomagensi ecclesia, in choro in sinistra parte subtus
feretrum sancti Synerii, prope pedes regis Henrici, fuit inhumatus
deffunctus, inclite memorie, dominus Johannes dux Bedfordie, regens
et gubernans regnum Francie.

18 février 1436 (v. st.).

Item (domini) ordinaverunt quod lathomi qui debent situare et
edificare in ecclesia ista, intra pillaria chori, tumbam seu sepulturam,
inclite memorie, Johannis ducis Bedfordie, regentis regnum Francie,
hoc faciant, vocatis tamen secum magistris procuratore et lathomis
fabrice, qui habeant servare ne lathomia ecclesie per hoc dampnifi-
cetur sed in sua integritate conservetur, et eciam quod per eosdem
advisetur quo loco feretrum antiquum existens in loco quo dicta
sepultura debet situari ponetur et situabitur.

20 février 1436 (v. st.).

Anno et die predictis, fuerunt dati commissarii domini et magistri
A. Marguerie, archidiaconus Parvi Caleti, J. Martequin, cancellarius,
J. Piqueti, et J. Gauffridi, ad visitandum reliquias existentes in anti-
quo feretro quod fuit amotum a loco suo pro faciendo sepulturam
domini regentis.

---

1. **En marge de cette délibération:** « Commissio pro componendo super pulsacione facienda pro domino regente ».

### 20 avril 1437.

Item, fuerunt dati commissarii domini et magistri R. Barberii et
P. de Clinchamp, dicte Rothom. ecclesie magistri operis seu fabrice
ejusdem, Guillelmus de Gardinis et J. Pinchon, vocatis secum ope-
rariis dicte ecclesie, pro disposicione altaris pro celebrando missam
dicti domini regentis in futuro, et de hoc, cum consilio predictorum
operariorum, ordinando utilius quam fieri poterit et honestius.


## VII

Lettres de Henri VI en faveur des Clémentins. — 19 juillet 1443.


Henricus, Dei gracia, Francorum et Anglie rex, ad perpetuam rei
memoriam. Regalem decet magnificenciam ut suorum vota fidelium
subditorum, ea potissime que cultus divini augmentum remedium-
que et salutem concernunt animarum, graciose exaudiat ac devotis
et piis favoribus in Domino prosequatur. Cum autem, ex humili
supplicatione dilectorum nostrorum cappellanorum de collegio Clementinorum in ecclesia Rothomagensi fundato, nobis exhibita,
accepimus executores testamenti seu ultime voluntatis defuncti
carissimi ac dilectissimi patrui nostri Johannis quondam, dum in
humanis degebat, Bedfordie ducis, certam pecunie summam, de bonis
temporalibus que in hoc seculo eidem patruo nostro largita est divina
clemencia, dictis supplicantibus pro fundacione in redditibus annua-
libus et admortisandis et non alias convertendam unius misse qualibet die in perpetuum pro nostra suaque ac predecessorum nostrorum animarum salute, in dicta Rothomagensi ecclesia, ad altare
juxta et prope nostri patrui prefati sepulturam factum et ordinatum,
dicende et celebrande, realiter et manualiter tradidisse et erogasse,
quod et adimplere ipsi supplicantes ardenti desiderio cupiunt, nostram gratiam largiri super hoc humiliter implorantes. Notum facimus universis presentibus pariter et futuris quod nos, pium sanctum-
que et laudabile antedicti patrui nostri defuncti, executorum, capel-
lanorumque prefatorum supplicancium propositum in hac parte
atendentes, et illud, quantum cum Deo possumus, aprobantes, patrui-
que nostri anime salutem non modicum desiderantes, gracia nostra
speciali, ex deliberacioneque et advisamento carissimi et dilectissimi
consanguinei nostri Ricardi, ducis Eboraci, locumtenentis nostri
generalis, nostrorumque regni Francie et ducatus Normannie guber-
natoris, eisdem supplicantibus licenciam, auctoritatem et facultatem

donavimus et concessimus, damusque et per presentes concedimus ut ipsi in terra nostra sive in terra vassalorum et subditorum nostrorum, in feodo nobili et justicia mediocri vel bassa, seu in burgagio et terra ignobili, de pecunia, sicut prefertur, eis tradita et erogata et ad usum pretactum aplicanda et convertenda, in una vice aut pluribus vicibus, veluti commodius reperire et invenire poterunt, usque ad summam centum librarum turonensium annui et perpetui redditus..... quos redditus sic acquisitos vel acquirendos usque ad dictam centum librarum tur. summam annui et perpetui redditus..... penitus admortizamus....

Datum Rothomagi, die decima nona mensis Julii, anno Domini millesimo cccc. quadragesimo tercio, regni vero nostri vicesimo primo. Sic signatum : In requestis per dominum ducem Eboraci, locumtenentem generalem Francieque et Normannie gubernatorem, tentis, in quibus episcopus Baiocencis, domini Simon Morhier, Guillelmus Oldhalle et Johannes Salvain, milites, magistri Radulphus Roussel et Alanus Kyrketon, magistri requestarum hospicii Regis, et alii plures intererant. S. de Drosay. Contentor, A. Lorin.

Expedita in camera compotorum domini nostri Regis Rothom. die penultima mensis Augusti anno $M^o$ $CCCC^o$ $XLIII^o$, modo et forma sequentibus. (Archives de la Seine-Inférieure, fonds du Chapitre).


## VIII

Mention dans les registres des délibérations capitulaires de Notre-Dame de Rouen d'une lettre à adresser au cardinal d'York au sujet des legs du régent et du cardinal de Luxembourg. — 21 juin 1447.


## IX

Lettre du chapitre de Rouen à maître Guillaume du Désert.
17 mai.

Venerabili et circumspecto viro magistro Guillelmo de Deserto, confratri et concanonico nostro.

Venerande domine et confrater amantissime, Votiva recommendatione premissa, scripsistis pridem venerabili fratri et concanonico nostro magistro Nicolao Caval vos pro certo comperisse legata ecclesie nostre, pro quibus recuperandis suscepistis a nobis procuratorium, vendita dudum extitisse domino cardinali Wyncestrie, nosque frustratos esse penitus recuperandarum specierum, ac consultum fore et

expediens aliud procuratorium transmicti ad tractandum et componendum cum dominis executoribus domini Johannis ducis Bedfordie,
dum viveret, regnum Francie regentis, super quo deliberavimus in
nostro capitulo simul congregati, et licet quibusdam videretur procuratorium predictum fore sufficiens, ne tamen ob hanc causam se
valeant excusare prefati executores, qui eciam modica occasione
sumpta faciliter possent peticionem nostram elidere, transmictimus
cum presentibus litteris aliud procuratorium, in quo specialem et
plenissimam concedimus vobis facultatem conveniendi, tractandi,
componendi et concordandi cum predictis dominis executoribus aut
aliis quibuscunque personis ad hoc potestatem habentibus. In hoc
tamen putamus talem cautelam adhibendam ut secundum non exhi-
beatis, si per primum procuratorium possit negocium expediri. Si
enim statim agnoscerent vobis concessam esse facultatem omnimodo
componendi et cum eis tractandi, fortassis vellent vos inducere
modis exquisitis, uti solent facere magnates temporis moderni, ad
componendum pro modica somma, in detrimentum et lesionem
ecclesie nostre predicte. Quoad instructiones de quibus scribitis,
non videmus esse necessarias. Habemus enim plenam in vobis con-
fidenciam, et prudenciam vestram agnovimus atque solerciam, nec
credimus vos aliquid velle in prejudicium ecclesie nostre, cujus
nobiscum vos participem Deus effecit. Non tamen videtur componendum pro minori somma quam valeant legata predicta ad rudem
materiam seu pondus redacta. Quod si fieri nequeat, adhuc tamen
relinquimus hoc prudencie vestre, que, auditis predictis dominis
executoribus, melius disjudicare poterit quid nobis expediat. Con-
sulcius enim fore existimamus et ecclesie utilius aliquam partem
predictorum legatorum remictere quam propter cupiditatem ipsorum totaliter petendorum totum amictere. In qua re solerciam vestram speramus ecclesie nostre ac nobis non modicum profecturam.
Itaque placeat talem diligentiam adhibere que huic negocio jam
inveterato finem imponat. Et si qua volueritis nos pro vobis hic esse
facturos, scribatis confidenter, et nos libenter adimplebimus, favente
altissimo, qui felicibus annis vos conservare dignetur. Scriptum
Rothomagi, xvii° maii (1449). Per vestros confratres.

  Capitulum ecclesie Rothom.

J. DES ESSARS.

## X

Extrait des registres capitulaires de l'église de Rouen.

### 19 octobre 1449.

Dominica xix octobris fuit reductio ville Rothomagensis ab Anglicis.

### 30 octobre 1449.

Dicta die comparuerunt in capitulo ma..... commissarii domini nostri Regis, ut dicebant, qui quesierunt a dictis dominis de capitulo utrum haberent in generali vel particulari aliqua bona mobilia in custodia sua Anglicis aut aliis adversariis domini nostri Regis spectantia, dicentes dicti commissarii quod ad aures domini nostri Regis pervenit quod prefati domini de capitulo habebant multa de dictis bonis, et presertim unum coffrum in quo erant multa bona de executione domini Regentis ducis Bedfordie, de quibus bonis, si aliqua essent, dictus dominus noster Rex volebat fieri satisfactionem creditoribus dictorum Anglicorum. Quibus commissariis, per organum dicti domini decani, tunc presidentis, auditis relationibus aliorum dominorum, fuit responsum quod prefati domini de capitulo, in generali, non habebant aliqua bona in ecclesia sua ipsis Anglicis spectantia, quodque habuerant unum coffrum in quo erant aliqua bona de executione domini reges (*sic*), sed ipsa bona per dominum officialem Rothom., post sententiam latam per dominum archiepiscopum de bonis dicte executionis, fuerant distributa creditoribus ejusdem deffuncti, qui quidem officialis et alii antecessores sui aut executores dicti deffuncti custodiebant clavem ejusdem coffri. Item prefatus dominus decanus eisdem commissariis dixit quod erant aliqui domini in particulari, qui habebant aliqua bona dictorum Anglicorum in custodia sive pignore, qui cum ipsis commissariis super hoc ad partem loquerentur.

### 3 novembre 1449.

Prefati domini deputaverunt magistros Robertum Morelet et Jacobum des Hayes, canonicos, ad prosequendum apud officiarios regios et alibi, ubi fuerit expediens, thurribula argentea et calicem aureum per dominum regentem legata ecclesie Rothomagensi in testamento ipsius, et per dominum Rothomagensem archiepiscopum, per suum decretum, eidem ecclesie adjudicata.

## XI

Réclamation par le chapitre de Rouen de deux encensoirs et d'un calice
légués par le duc de Bedford. — 3 novembre 1449.

In nomine Domini. Amen. Per hoc presens publicum instrumentum cunctis pateat evidenter et sit notum quod, anno Domini millesimo quadringentesimo quadragesimo nono, indicione decima tercia, mensis novembris die tercia, pontificatus sanctissimi in Christo patris et domini nostri domini Nicolai, divina providentia, pape quinti, anno tercio, coram illustri principe domino Edmondo duci (*sic*) de Somerset ac comite Dorset, in meique notarii publici et testium infrascriptorum ad hoc vocatorum et rogatorum presencia, personaliter constitutus, venerabilis et circumspectus vir magister Robertus Morelet, cancellarius et canonicus ecclesie Rothomagensis, prefato domino duci, pro et nomine venerabilium et circumspectorum virorum dominorum decani et capituli predicte Rothomagensis ecclesie, dixit et exposuit qualiter, per decretum finale prolatum in facto executionis inclite memorie domini Johannis ducis Bedfordie, dum viveret, prefatis dominis de capitulo dicte Rothomagensis ecclesie, juxta quandam clausulam testamenti dicti domini ducis Bedfordie, fuerunt adjudicata duo magna thurribula argentea, ponderis insimul septuaginta octo marcharum trium onciarum et quinque sterlingorum argenti, et unus calix aureus ponderis per se, absque lapidibus preciosis quibus erat munitus, septem marcharum et sex sterlingorum auri, munitus tribus saphiris, tribus baleis et xxiiii$^{or}$ grossis perlis, que quidem thuribula et calix erant in Anglia et fuerant in custodia, bone memorie, domini cardinalis de Vincestre, avunculi et heredis dicti domini ducis Bedfordie, cujus domini cardinalis prefatus dominus de Somerset nepos et heres noscitur esse, quare petebat et humiliter requisivit idem Morelet, nomine quo supra, quatinus ipse dominus de Somerset dignaretur et vellet prefatos calicem aureum et thuribula argentea eidem ecclesie Rothomagensi restituere aut restitui facere, actento maxime quod ipse erat heres et executor principalis dicti domini cardinalis deffuncti. Qui quidem dominus dux de Somerset prefato Morelet respondit quod de dictis thuribulis non recordabatur, sed bene audiverat confiteri pluries a dicto suo avunculo quod calicem, de quo supra fit mencio, viderat inter bona dicti domini cardinalis, et quod sibi confessus est ipse dominus cardinalis ipsum calicem pertinere ecclesie Rothomagensi prefate, ex dono dicti ducis Bedfordie, et quod bene sciebat ubi erat ipse calix. Se etiam obtulit facere posse suum ut ipse calix restituatur dicte ecclesie cum thurribulis memoratis. De et super quibus premissis omnibus et singulis prefatus magister Robertus Morelet, nomine dictorum dominorum decani et capituli prefate Rothomagensis ecclesie, peciit sibi per me notarium publicum subscriptum fieri publicum instrumentum unum vel plura. Acta fuerunt hec in palacio regio Rothomagensi, in camera dicti domini ducis de Sommerset, sub anno, indicione, mense, die et pontificatu predictis, presentibus ad hoc venerabili (*sic*) et discretis viris magistro Johanne de Mesnillo et Luca Anglici, clerico, Rothomagi commorantibus, cum pluribus aliis testibus ad premissa vocatis et rogatis.

Marque du notaire. — Et ego Jacobus des Hayes, clericus Rothomagensis publicus, apostolica et imperiali auctoritatibus, notarius, quia premissis omnibus et singulis, dum in modum prescriptum agerentur, dicerentur et fierent, unacum prenominatis testibus, presens fui eaque sic fieri vidi et audivi, ideo huic publico instrumento, manu aliena fideliter scripto, signum meum manuale apposui, requisitus et rogatus, in fidem et testimonium premissorum.

## XII

Extraits des registres des délibérations capitulaires de Notre-Dame de Rouen. — 4 novembre 1449.

Dicta die, audita relacione magistri Roberti Morelet et Jacobi des Hayes, qui pecierant heri domino duci de Sommerset thuribula argentea et calicem aureum per dominum Regem legata ecclesie Rothomagensi, qui quidem dominus dux eisdem deputatis responderat quod emerat thuribula Jacobo Bernardin et quod fuerat solutus in lanis, calix vero aureus erat in esse in Anglia, et faceret suum posse quod deliberaretur ecclesie aut commissis per ipsam, quapropter prefati domini capitulantes deputaverunt predictos ad prosequendum ulterius premissa, ut eis expedire videbitur, et lucrati fuerunt dicti deputati obitum Regis pro medietate.

13 décembre 1449.

Domini capitulantes pro recuperatione calicis aurei et thuribulo-

rum argenteorum per dominum Johannem regentem regnum Francie et ducem Bedfordie, dum vivebat, legatorum ecclesie Rothomagensi, deputaverunt magistros Johannem Bidault, Robertum Morelet,
et Laurentium Surreau, videlicet ad componendum articulos circa
hoc necessarios.

Dicta die, prefati domini capitulantes concluserunt quandam
saleriam auream et lapidibus preciosis munitam, de executione dicti
domini regentis provenientem et in manibus domini officialis Rothomagensis adhuc existentem, retineri in manibus capituli pro somma
$\text{vi}^c$ l.t., in casu quo dicta somma $\text{vi}^c$ l. non posset secure recuperari.

31 mars 1449 (v. s.).

Domini capitulantes, audita relacione domini officialis et de consensu omnium capellanorum et clericorum collegii Clementinorum,
demptis dominis Petro Prepositi et Jo. Muchedent absentibus, concluserunt jocale, dictum *saliere*, aureum, proveniens de executione
domini regentis, converti ad emendum lx l. t. annui redditus supra
dominium de la *Haye du puis*.

12 septembre 1450.

Domini capitulantes concluserunt pannum paramenti datum per
executores domini ducis de Bedfordie apponi supra sepulturam suam,
more solito, in festo Exaltationis Sancte Crucis proxime venturo.

14 septembre 1450.

Domini capitulantes ordinaverunt distribui vi l. t. pro obitu domini
Johannis, dum vivebat, ducis Bedfordie, super redditu empto de $\text{iii}^c$
l.t. adjudicato, per decretum domini officialis, super bonis mobilibus
dicti principis, dum poterit recipi.


XIII

Extrait d'un obituaire de la cathédrale de Rouen du xvi<sup>e</sup> siècle.

Hac die, 26 martii, fit obitus pro illustrissima domina Anna de
Burgundia, illustrissimi principis et domini Johannis ducis Bedfordie regnum Francie regentis consorte, qui quidem obitus celebrabitur ad majus altare cum quinque cappis nigris, luminari et
pulsacione unius grosse campane, in quo quidem obitu distribuetur
manualiter inter canonicos et clericos chori, presentes et continuos,
more solito, medietas proventuum decimarum de Ciervilla, per
prefatum principem a nobili viro domino Guillelmo de Hastentot,
milite, emptarum et acquisitarum, huic ecclesie, nobis et successoribus
nostris cessarum et transportatarum, deductis tamen primitus xxiii

libris v solidis cum aliis oneribus; alia medietas distribuetur pro obitu memorati principis die xiiiᵃ septembris, die et festo Exaltacionis Sancte Crucis, modo et forma predictis. Thesaurarius vero, pro luminari et pulsacione premissis, habebit pro quolibet obitu xi s., juxta appunctuamentum alias inter ipsos factum.

Eodem die (14 septembris), obiit illustrissimus princeps et dominus dominus Johannes, dux Bedfordie, regnum Francie regens, qui dedit nobis decimas in parrochia de Ciervilla existentes, quarum revenuta nobis debet mediatim distribui in hoc obitu et in obitu illustrissime domine domine Anne de Burgundia, ejus consortis, ut latius continetur supra xxviᵃ die martii.

Eodem die (14 novembris) fit obitus illustrissime domine domine Anne de Burgondia, illustrissimi principis et domini domini Johannis, ducis Bedfordie, regentis regnum Francie, consortis, in quo fiet distributio, prout supra scriptum est xxvi martii.


## XIV

Extrait d'un inventaire des ornements d'église de la sacristie de la cathédrale de Rouen. — Seconde moitié du xviᵉ siècle.

Ung grand drap mortuaire de velours rouge semé de racynes d'or et croisé de satin rouge frizé d'or, de la donation du regent Bethfort Anglois[1].

Deux contre aultez de velours rouge de differente largeur, semez de racynes d'or, de la donation du seigneur de Bethfort[2].

---

1. Le 25 avril 1449, de Chapitre refusa de prêter ce drap pour le service du bailli de Rouen :

« Pannum domini regentis cum cruce rubea minime tradi pro serviendo servicio domini Johannis Salvain, militis, baillivi ».

2. Ces contrautels étaient désignés sous le nom de « contrautels à racines ». 12 mai 1563 : « Montholoys demande qu'on lui prête quelques contrautels plus beaux que ceux à *racines*, attendu l'honorable compagnie qui se doibt trouver demain en l'église de S. Lo, en laquelle icelluy de Montholoys fera dire et célébrer la prédication en l'honneur du S. Sacrement ». On lui prêtera les vieux contrautels de Brezé. Registres capitulaires de Notre-Dame de Rouen. Les racines d'or, emblème adopté par Bedford, se trouvaient sur tous les ornements donnés par lui à la cathédrale : « Ejus symbolum erat radix aurea, quæ in eadem epigraphe (l'inscription tumulaire), funeris pallio, sacrisque vestibus (quas non paucas etiamnum servat ecclesia) passim refulget.» Manuscrit de la Bibliothèque nationale, latin 5194.

## XV

Extrait de l'inventaire des meubles et ornements de la grande
sacristie de Rouen.


BETFORT.


Dix-sept chappes, une chasuble et deux tuniques de velours rouge,
semé de racines d'or, les orfrayes et chaperons des chappes de
velours vert, chargés de séraphins en broderie d'or et soye, la chasuble bandée et croisée par devant, les tuniques aussy bandées par
devant et deriére de velours vert semblables à celuy des orfrayes des
chappes. Deux des d. chappes ont été raccourcies pour M$^{rs}$ de Grancé.

Une chasuble seule de brocard d'or à fond rouge, croisée et bandée
d'une broderie d'or et soye par plusieurs compartiments, en chacun
desquels sont plusieurs figures de saints ; elle sert le jour de la Pen-
côte pour l'antienne de tierce.

Deux chappes, une chasuble, deux tuniques, étoles, et manipules
de velours rouge cramoisy, parsemé de merlettes, et d'arbrisseaux
en broderie d'or et soye, la chasuble bandée et croisée par devant
d'une crosse de soye violette, brochée d'or et soye blanche en figure
d'oiseaux et fleurons, les ornements des tuniques semblables à la
croisure de lad. chasuble, les orfrayes et chaperons brodés d'or et
de soye par plusieurs compartimens en chacun desquels est une
figure de saint. L'or desd. orfrayes ne paroit plus au côté desd. chaperons. Et au haut de la chasuble et tuniques sont deux écussons semés
de fleurs de lys, au franc quartier de gueule chargé d'une escarboucle
avec une émeraude de plusieurs rayons. Cet ornement sert aux fêtes
doubles quand il faut du rouge, et au vendredy de la semaine de la
Pentecôte.

Une chasuble et deux tuniques de gros damas rouge antique, semé
de fleurons et têtes d'animaux, brochées d'or, la chasuble bandée et
croisée par devant d'une broderie d'or, chargée de losanges blancs
avec des fleurs de lys et d'autres losanges rouges sur lesquelles est
une figure d'escarboucle, les tuniques ornées d'un large galon antique
d'or, semé de losanges ; sur quelques-unes est une fleur de lys ; les
étolles et manipules ne sont que de satin rouge. Cet ornement sert

aux fêtes semidoubles et simples quand il faut du rouge, et au
samedy de la semaine de la Pentecôte [1].


1. Dans le manuscrit de la Bibliothèque nationale, Latin 5194, on décrit ainsi
la *croix d'argent* de Jean d'Alençon, donnée par Bedford à la cathédrale : « Hic
munificus princeps, præter quæ supra recensuimus dedit ecclesiæ crucem
magnam argenteam deauratam pretiosam, fixam in pede magno et alto, seminato liliis elevatis, in quo pede erant duæ imagines Beatæ Mariæ et Sancti
Johannis evangelistæ. In dicta vero cruce a parte anteriori stabat imago cru-
cifixi elevata cum quatuor esmaldis et quatuor evangelistis in quatuor angulis
et a parte posteriori dictæ crucis quatuor esmaldi ad imagines Agni Dei in
medio et quatuor evangelistarum in quatuor angulis. Eratque undique seminata
liliis, ut pes dictæ crucis, ponderis 25 marcarum et quindecim sterlingorum ».


(Extrait de la *Bibliothèque de l'École des chartes*, t. xxxiv.)


Nogent-le-Rotrou, imprimerie de A. Gouverneur.

www.ingramcontent.com/pod-product-compliance
Lightning Source LLC
LaVergne TN
LVHW010334030726
842520LV00004B/1466